KB218110

이야기 원효사상

이야기
원효사상

강승환 지음

운주사

머리말

　마흔이 넘어 세상살이에 서글픔을 느끼고 이대로 가다가는 큰 일나겠구나 싶어 무턱대고 사회생활을 접고 국립중앙도서관에 드나들기 시작했습니다. 덕분에 처자와 부모형제들에게 참으로 못할 짓을 하였습니다.

　우연히 원효대사의 글을 접하고 나도 한번 그의 사상에 도전해 보자는 생각이 들었습니다. 그러나 열 개를 배우면 열 개를 다 잊어버리고 또 열 개를 배워야 겨우 한 개를 건지는 재주라 여간 힘들지 않았습니다.

　봄이 오는지 가을이 가는지 모르게 십 수년 간 남이 애써 연구하고 번역한 것을 곁눈질하다 보니 그분들이 이룬 공적을 슬쩍 따와서는 마치 내가 한 것처럼 허세를 부릴 만한 재주는 개발했습니다. 그리하여 나름대로 원효전서를 완역했다고 떠들게 되었습니다.

　원효는 우리 민족 최고의 사상가입니다. 저로서는 감히 접근할 수가 없습니다. 그의 글은 팔팔 뛰는 잉어 같습니다. 잡았다 싶으면 언제 빠져나가고 없습니다. 또 잡았다 싶으면 또 빠져나갑니다. 사람을 한계선까지 끌고 갑니다.

따라서 원효전서를 번역했다고 하나 이는 말장난일 뿐이고 본 뜻은 이해하지 못합니다. 진리를 탐구하기 위해 목숨을 걸고 한 공부를, 저 같은 사람이 쉽사리 이해할 리 있겠습니까.

그러나 이 보잘것없는 말장난도 그냥 두지 못하고 외람되게 이야기 형태로 풀어서 정리해 보았습니다. 글이 되는지 안 되는지 모르던 중 다행히 운주사 김시열 사장님을 만나 몇 번의 조언과 교정을 받은 뒤에야 간신히 글의 모습을 갖추게 되었습니다. 거듭 감사의 말씀을 드립니다.

나이에 육자六字가 들어가 명리를 떨칠 때가 되었고 수행이란 말을 되새길 때도 되었습니다만 세속에 몸담아 마음을 비우지 못하다 보니 희로애락에 치우칠 때가 많습니다. 따라서 내용 중 사리에 맞지 않는 말, 지나친 말, 치우친 말 등등 남을 언짢게 하는 말이 많으리라 생각합니다. 설익은 벼가 고개를 쳐드는 법이니 너그러이 양해해 주시면 감사하겠습니다.

2009년 9월 청명한 가을날에
강승환

수행 121

화합승 원효 209

이야기
원효사상

요즘 경수는 새로운 재미에 빠져 있다. 공원에서 만난 한 할아버지와의 대화에 부쩍 흥미를 느낀 것이다. 오늘도 여전히 할아버지는 매번 자리하고 계시던 나무 아래에 허허롭게 앉아계셨고, 경수는 친구들과 함께 할아버지 곁에 둘러앉았다.

이미 몇 번의 대화를 통해 허물이 없어진 사이가 되었는지라, 그들의 모습은 마치 할아버지와 친손주가 대화를 하는 냥 정겹기까지 했다.

이야기를 하는 도중 어느 사이엔가 주변에 있던 사람들까지 빙 둘러 이들의 대화에 귀를 기울였고, 간혹 할아버지에게 질문을 하는 이도 있었다.

평화롭고 한가해 보이는 풍경이었지만 주고받는 이야기는 진지하고 치열했다.

6도 윤회

짧게 보기와 길게 보기

"할아버지,

요즘은 말하길, 착한 사람은 손해를 보고 거꾸로 악한 사람은 이익을 본다고 합니다."

"그렇게 보일 수도 있지."

"그럼 그렇지 않다는 것입니까?"

"그래, 그렇지 않아. 짧게 보면 그런 것 같으나, 길게 보면 그렇지 않단다."

"짧게 보고 길게 보다니요?"

"몇 년, 몇 십년을 보면 그럴 수도 있지. 그러나 몇 백년, 몇 천년을 보면 그렇지 않단다."

"몇 백년, 몇 천년이라니요? 사람은 겨우 백년도 못 사는데."

"허허, 그게 문제로구나."

6도 윤회

할아버지가 말을 이었다.

"언뜻 보면 사람은 인간 세상에 한 번 태어났다 죽는 것 같지만, 사실은 6세계(六道)에서 거듭해서 태어났다 죽었다 하는 거란다. 한 번만 나고 죽는 것 같지만, 사실은 여섯 세계를 돈다(六道輪廻)는 말이지.

여기서 6세계(육도)란 하늘나라(天), 인간(人), 수라修羅, 축생畜生, 아귀餓鬼, 지옥地獄을 말해.

한 번은 하늘나라에 태어났다가 죄罪를 지어 인간 세상에 태어나기도 하고, 다음에는 인간세상에서 선善을 닦아 다시 하늘나라에 태어나기도 한단다. 혹은 인간 세상에 태어났다가 여기서 큰 죄를 지어 개나 돼지 같은 축생으로 떨어지기도 하지.

이것을 멀리서 보면, 마치 불타는 집에 연방 들어갔다 나왔다 하는 것처럼 보여. 이쪽 집에 들어갔다 나와서는 저쪽 집에 들어가고, 다음에는 그 집에서 나와서 다른 집에 들어가며, 또 그 다음에는 그 집에서 나와서 또 다른 집에 들어가는 거야. 하지만 이 모두

가 괴로운 곳이지, 불타는 집처럼.

이를 여섯 세계(道)를 돈다고 하고, 또는 여섯 길(道)을 돈다고 하는 거야. 끊임없이 돌기 때문에 세계를 숫제 길이라 한 것이지.

따라서 악한 사람은 일시 이익을 보는 것 같지만 다음 생애에 문제가 있고, 착한 사람은 일시 손해를 보는 것 같지만 다음 생애에 문제가 없지."

10계十界

"좀더 자세히 말씀해 주십시오."

경수가 부탁하자 할아버지는 말을 이어 나갔다.

"앞서 6세계를 이야기했지? 하늘나라, 인간, 수라, 축생, 아귀, 지옥, 이렇게. 그러나 사실은 이 앞에 4단계가 더 있어. 불佛, 보살菩薩, 연각緣覺, 성문聲聞이 그것이지.

부처(佛)는 깨친 사람을 말해. 사람과 우주에 대한 모든 진리를 깨친 사람이지. 인도어 붓다를 소리 나는 대로 옮긴 것으로, 따라서 한자 佛(불)은 아무 뜻이 없단다.

보살菩薩은 부처가 되기 직전의 사람이야. 부처의 직속 제자나 부처 다음으로 수행을 많이 한 사람이지. 이 말 또한 인도어를 그대로 쓴 거야. 흔히 우리나라에서 여성 불자를 가리키는 말로 쓰이

·는데, 본래의 뜻은 그런 것이 아니지.

연각緣覺은 독각獨覺 또는 벽지불辟支佛이라고도 하는데, 원칙적으로 부처와는 관계가 없는 사람이야. 연각은 인연으로 깨쳤다는 뜻이고, 독각과 벽지불은 홀로 깨쳤다는 뜻이지. 이들은 꽃이 피고 잎이 지는 등 자연 현상을 보고서 혼자 힘으로 모든 진리를 깨친 사람이야.

이 연각은 의미하는 바가 커. 부처 법에서는 구태여 부처 법을 따르지 않더라도 성인을 인정하거든. 그것도 다음에 말하는 성문聲聞, 곧 부처 법을 배워서 깨치는 사람보다 더 높은 단계로. 이와 같이 자기의 방법을 따르지 않더라도 그를 인정해 주는 것은 다른 종교에서는 찾아보기 힘든 모습이야. 부처 법의 자신감과 포용성을 나타내는 것이기도 하지.

성문은 위에서 말했듯이 부처 법을 듣고서, 다시 말하면 부처 법을 배워서 깨치는 사람이야. 부처의 제자가 되어서 깨친 사람이란 뜻이지.

이상을 4성인(四聖)이라 해. 이 4성인과 위의 6세계를 합쳐 10세계(10界)라 하고.

이 10세계 가운데서 인간은 6번째야. 중간이 못 되지. 따라서 인간은 썩 바람직한 존재는 아니야. 악을 간신히 벗어난 단계거든. 선과 악 중에서 악에 더 치우쳐 있다고도 할 수 있고.

이는 달리 말하면 인간은 매우 조심스런 단계이자 기회의 단계

*10계+界의 내용: 부처, 보살, 연각, 성문, 천, 인간, 수라, 축생,
　　　　　　　아귀, 지옥
*10계+界의 구성 ─┬─ 4성四聖: 부처, 보살, 연각, 성문
　　　　　　　　└─ 6도六道 ─┬─ 3선도三善道: 천, 인간, 수라
　　　　　　　　　　　　　　└─ 3악도三惡道: 축생, 아귀, 지옥

란 뜻도 되지. 좋은 일을 해서 하늘나라로 올라갈 수도 있지만, 나
쁜 일을 저질러 축생으로 떨어질 수도 있으니까. 그러니 조심스런
단계이자 기회의 단계가 아니겠나."

수라修羅

그때 친구 중 한 명이 불쑥 말했다.

"6세계의 다른 것은 이름만으로 대충 의미가 잡힐 듯한데, 수라
修羅는 잘 모르겠네요."

그러자 할아버지가 설명을 해주셨다.

"수라는 인간이야. 인간의 모습을 하고 있지. 다시 말하자면 우
리 인간이 본디의 인간과 수라로 구분되는 거란다.

원래 수라는 싸움을 잘하는 하늘의 신인데, 이를 인간에 비유한

것이지. 인간 중에서 싸움이나 전쟁을 잘 일으키거나, 온갖 권모술수를 써서 승리만을 추구하는 자가 수라야.

이 수라는 매우 조심스러워. 비록 지금 생애에서는 승리하고 출세하지만, 그 승리와 출세가 정당한 방법이 아니고 비정상적인 방법이라면, 다음 생애가 위험해질 수도 있거든.

10세계 중 인간은 6번째이나 수라는 7번째야. 그 아래가 바로 짐승(畜生)이지. 따라서 우리는 이 생애를 철저하게 살되, 정정당당하게 살아야지 나쁜 방법으로 살아서는 안 되는 것이야."

인간과 축생

"그래도 명색이 인간人間인데 어떻게 인간을 축생畜生과 비교합니까?"

곁에서 듣고 있던 누군가가 대들 듯이 말하자 할아버지는 되물었다.

"인간과 축생이 크게 다르다고 생각하는가?"

"그렇습니다."

"부모의 재산 때문에 형제들이 서로 싸우고 심지어 서로 죽이기까지 한다. 짐승들이 자기만 살겠다고 형제를 서로 쪼거나 서로 잡아먹는다. 이와 얼마나 다른가.

재산이나 빚 때문에 부모를 죽인다. 짐승들이 제 살겠다고 제 부모를 죽인다. 이와 얼마나 다른가.

남편이나 아내를 청부 살인한다. 짐승들이 제 짝을 물어 죽인다. 이와 얼마나 다른가.

인간은 전쟁을 일으켜 같은 인간을 무자비하게 살육한다. 짐승이나 곤충이 집단 싸움을 벌려 상대방을 전멸시킨다. 이와 얼마나 다른가.

인간은 축생과 크게 다르지 않네. 단지 인간 스스로가 크게 다르다고 생각할 뿐이지.

그리고 축생도 도를 닦고 수행을 한다네. 이 점도 인간이 축생과 크게 다르지 않은 점이야."

"축생도 도道를 닦고 수행修行을 한다고요?"

"그래. 틀림없이 축생도 도를 닦고 수행을 한다네. 인간만이 수행하는 게 아니야. 잘 관찰해 보게나."

할아버지는 말을 아꼈다.

아라야식 阿羅耶識

윤회 輪廻

"할아버지, 앞에서 지금 생애生涯다, 다음 생애다라고 말씀하셨는데, 그럼 여러 생애가 있다는 말씀입니까?"

다시 경수가 물었다.

"그렇다. 여러 생애가 있단다. 아니 한량없는 생애가 있지. 벗어나지 못하면 생애가 영원히 반복돼. 과거에도 한량없는 생애가 있었으며, 현재의 생애도 있고, 미래에도 한량없는 생애가 있게 되지.

자꾸 태어나는 것이야. 거듭 태어나는 것이지. 돌아가며 태어나는 것이고. 이를 윤회輪廻라고 한단다. 윤회가 있는 이상, 나고 늙고 병들고 죽는(生老病死) 괴로움의 바다를 벗어나지 못하는 것이란다.

앞서 자네들이 이야기한, 착한 사람이 손해를 보고 악한 사람이 이익을 본다고 한 것은, 그 많은 생애 중 지금의 생애 하나만을 보고 한 말이란다. 생애 전체를 본다면 그런 말을 할 수가 없는 것이지."

할아버지가 강조하자 누군가가 의아해서 말했다.

"이상하네요. 다음에는 하늘나라(천)에 가면 될 텐데요. 아니면 숫제 '거듭 나기'(윤회)를 벗어나든가."

그러자 할아버지가 당연하다는 듯이 말했다.

"물론 그렇게 하면 되지."

너무 쉬운 대답에 아무도 말이 없자, 할아버지가 다시 말을 이었다.

"내 스스로 하늘나라(천)에 가고, 내 스스로 거듭 나기(윤회)를 벗어나면 되지. 그렇게만 되면 만사형통이야. 또 사실 수많은 사람들이 그것을 위해 일생을 걸고 수행하기도 하고."

"그러면 그것이 쉽지 않다는 뜻입니까?"

"그렇지. 쉽지 않지. 쉽다면 누가 그렇게 하지 않겠나."

"내가 내 스스로 가는데 그것이 안 된다니요?"

모두들 갸우뚱하자 할아버지가 되물었다.

"자네들 스스로 하늘나라(천당)에 갈 수도 있고, 거듭 나기(윤회)를 벗어날 수도 있겠는가?"

"못할 것도 없잖습니까."

"그래? 그렇다면 어디 한번 보자."

그러면서 할아버지가 웃음을 띠고서 넌지시 물었다.

산봉우리 세기

"저쪽에 산줄기가 보이지?"

"예."

"저 산줄기 이쪽 끝에서 저쪽 끝까지 산봉우리가 몇 개인지 헤아려들 보게. 물론 제일 높은 봉우리는 하나이겠지만 자네들이 산봉우리라고 생각하는 것들을 모두 헤아려 보란 말일세."

사람들이 헤아리기 시작했다. 할아버지가 물었다.

"몇 개인가?"

"6개입니다."

"5개입니다."

"4개입니다."

대답이 제각각이었다. 그러자 할아버지가 당연하다는 듯이 물었다.

"저 산봉우리가 안 보이느냐?"

"보입니다."

"보이는데도 숫자 10개를 헤아리지 못해 모두들 서로 다른가?"

"……"

모두 잠자코 있었다. 할아버지가 말을 이었다.

"당연한 일이야. 다를 수밖에 없지. 그리고 바로 그게 문제인 거야. 만약 같다면 아무 문제가 없지. 같은 시간에, 같은 장소에서, 같은 사람들이, 같은 대상을 보고, 같이 헤아렸는데도 사람마다 다른 거야.

여기서는 비록 산봉우리를 예로 들었지만 모든 것이 다 이러해. 모든 사물에 대한 판단이 사람마다 각각 다르지. 바로 이게 문제란 말이야."

천당 가기

"무슨 말씀이신지요?

산봉우리를 각각 다르게 헤아린 것이 그리 대단한 일입니까?"

모두들 무슨 말인지 의아스럽게 생각하고 있을 때, 경수가 다시 물었다. 그러자 할아버지는 작정하신 듯 숨을 한번 크게 들이쉬고 말씀하셨다.

"대단한 일이고말고. 잘 들어보아라. 이제 좀더 자세히 이야기할 테니.

사람이 죽으면 무엇인가가 남는다고 생각해 보자. 영혼이든, 혼백이든, 혼령이든, 넋이든, 귀신이든 그 무엇인가가.

만약 이런 것이 없다면 사람이 죽었을 때, 울고불고 할 것도 없을 것이고, 기도니 천도니 굿이니 하는 것을 할 것도 없을 것이며, 국립묘지에 묻힌 영령들을 추모할 것도 없을 것이고, 조상의 제사를 지내거나 조상의 묘를 찾을 일도 없을 것이야. 모두가 헛것이니까.

그러나 죽어도 무엇인가가 남아서, 그것이 어디론가 간다고 생각하기 때문에 이런 일들을 하는 것이지.

이제 어떤 사람이 죽었다고 가정해 보자. 이 사람이 죽어서 가보니 다행히도 하늘나라(天)였어. 또 어떤 사람이 죽었지. 이 사람은 죽어서 가보니 다시 인간 세상(人)이었어. 또 어떤 사람이 죽었지. 이 사람은 죽어서 가보니 불행히도 지옥地獄이었어.

이때 만약 죽은 사람이, 이쪽으로 가면 천당이고 저쪽으로 가면 지옥인 것을 안다면, 다시 말해 자기 스스로 천당으로도 갈 수 있고 지옥으로도 갈 수 있다면, 이 사람이 천당으로 가지 않고 지옥으로 가겠는가?"

"안 갑니다."

"당연히 안 가겠지. 누가 지옥인 것을 알고도 지옥으로 가겠는가? 그러나 불행히도 지옥으로 갈 사람은 지옥으로 가는 것을 멈출 수가 없게 돼. 거꾸로 천당으로 갈 사람은 천당으로 가는 것을 멈출 수가 없게 되고.

왜 그럴까. 어디로 가는지를 모르기 때문이야. 정확히 말하면 어디로 가야겠다는 생각, 곧 목적의식이 없기 때문이지.

목적의식이 무엇인가. 흔히 말하는 우리의 의식意識이야. 보고, 듣고, 느끼고, 생각해서 무엇을 어떻게 해보겠다는 생각이지. 하지만 원칙적으로 이것은 죽음과 동시에 활동을 멈춰. 죽었으니 당연한 것 아니겠나.

따라서 죽으면 아무 생각 없이, 무턱대고, 그냥 가게 돼. 가고 나면 그곳이 천당이고, 그곳이 인간 세상이고, 그곳이 지옥인 것뿐이지. 이게 전부야."

그냥 가기

그래도 의문이 풀리지 않는지 잠자코 있자, 할아버지도 잠시 쉬었다가 다시 말을 이었다.

"앞서 산봉우리를 헤아릴 때 자네들은 아무 생각 없이, 무턱대고, 그냥 헤아렸어.

자네들이 비록 '왜 산봉우리를 헤아리라고 하실까'까지는 생각했는지 몰라도, '산봉우리 수를 적게 헤아리는 것이 좋은 건지, 많게 헤아리는 것이 좋은 건지'까지는 생각하지 못했어. 단지 정확하게 헤아리려고만 했지. 그리고 그 결과는 제각각이었어.

그런데 만약 내가 자네들에게 '산봉우리를 5개로 헤아린다면 작은 선물을 하나 주겠다'라고 말을 했다면, 자네들은 이 말을 듣고도 5개가 아닌 다른 수로 헤아렸겠는가?

아닐 걸세. 아무도 다른 수로 헤아리지 않았을 걸세. 모두 5개로 헤아렸겠지.

그러나 나는 아무 말도 하지 않았지. 따라서 자네들도 아무 생각 없이, 무턱대고, 그냥 헤아렸지. 다시 말하면 아무런 목적의식 없이 헤아린 것이지.

죽음도 마찬가지야. 죽으면 목적의식이 멎어. 천당으로 가겠다, 다시 인간 세상으로 가겠다, 지옥에 가지 않겠다 하는 목적의식이 없어져. 곧 위에서 말한 것처럼 내 스스로 갈 수가 없는 거야. 목적의식이 없으니까.

따라서 아무 생각 없이, 무턱대고, 그냥 가게 돼. 그 결과 천당으로 가고, 다시 인간 세상으로 가고, 지옥으로 간 것뿐이야. 따라서 자기가 가는 곳을 피할 수 없게 되지."

목적의식

사람들이 귀를 기울이자 할아버지가 잠시 멈췄다.

"이제 자네들은 뭔가 이상함을 눈치 챘을 거야.

비록 앞에서 아무 생각 없이, 무턱대고, 그냥이라고 했지만 여기에 무슨 문제가 있구나 하고 어렴풋이나마 눈치를 채지 않았나?

맞아. 사실이야. 여기에 문제가 있어. 여기서 비록 '그냥'이라고 했지만 사실은 이것이 정말로 아무 것도 없는 '그냥'이 아니야. 무엇인가가 들어 있는 거야. 잘 드러나지는 않지만 '그냥'이라는 것 속에 무엇인가가 들어 있어서 그놈이 안에서 조종을 하는 거야.

이제 보니 산봉우리를 셀 때도 아무 생각 없이, 무턱대고, 그냥 헤아렸다고 생각했는데 사실은 그 안에 무엇인가가 들어 있어서 그놈이 조종을 했으며, 사람이 죽으면 아무 생각 없이, 무턱대고, 그냥 간다고 생각했는데 사실은 그 안에 무엇인가가 들어 있어서 그놈이 조종을 한 것이야.

곧 목적의식目的意識이 활동을 멈추자 이제까지 보지 못한 그 무엇인가가 새로이 나타나서 조종을 한다는 이야기지. 이제 보니 이놈이 바로 '그냥'이라는 것의 본체야. 그래서 일단 이놈을 '따지는 가리새'라고 이름을 붙여 보았어."

가리새(識)

"자, 이야기가 다소 빗나갔지만, 여기서 '가리새'라는 말을 이야기하고 가야겠네. 앞으로 자주 나오는 말이니 잘 기억해 두라고.

우리는 흔히 마음(心)이다, 생각(念)이다 하는 말을 써.

보통 마음이라 하면 근본이므로 잘 변하지 않는다는 느낌이 들고, 생각이라 하면 곁가지이므로 잘 변한다는 느낌이 들지. 또 마음이라 하면 넓고 깨끗하다는 느낌이 들고, 생각이라 하면 좁고 물들었다는 느낌이 들어.

이 둘의 중간 형태, 곧 다소 변하지만 그래도 깨끗한 것을 '가리새'라고 이름 붙여 본 거야. 마음과 생각의 중간 정도라는 뜻이지.

'가리다'는 분별分別한다는 뜻이야. 이것인가 저것인가 분별한다는 뜻이지. '가리새'는 '가리다'에 모양이나 성질을 나타내는 접미사 '-새'를 붙인 글자야. '가리는 성질이나 모습'이라 할까. 국어사전에는 '일의 갈피나 조리'라 되어 있지. 한문으로는 식識이야.

'따지다'는 판별判別한다는 뜻이야. 옳고 그름으로 정확하게 판별한다는 뜻이지. 분별하는 것보다 더 엄격해.

이제 목적의식, 곧 의식意識을 가리새로 표현하면 '뜻할 가리새'가 돼. 곧 의도意圖하는 가리새란 뜻이야.

위에서 목적의식이 활동을 멈추자 새로이 나타난 가리새를 '따

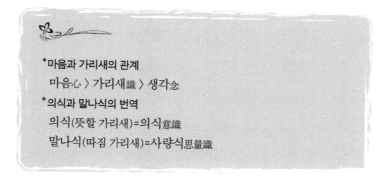

*마음과 가리새의 관계
마음心 〉 가리새識 〉 생각念
*의식과 말나식의 번역
의식(뜻할 가리새)=의식意識
말나식(따짐 가리새)=사량식思量識

지는 가리새'라 했지. 이를 한문으로는 사량식思量識이라 해. 인도
말로는 말나식未那識이라 하고. 사량思量은 따진다는 뜻이야."

🔵 따짐 가리새(思量識)

"이제 사람이 죽고 난 뒤의 마음 상태를 정리해 보겠네.

사람이 죽어 '뜻할 가리새'(意識)가 활동을 멈추자 새로이 나타
난 가리새, 다시 말하면 뜻할 가리새에 포함되어서 이제까지 활동
을 하지 않다가, 사람이 죽어서 뜻할 가리새가 활동을 멈추자 비로
소 활동을 개시한 새로운 가리새, 곧 위에서 말한 '따지는 가리새',
이놈이 바로 '그냥'이라는 것의 본체란 말이지.

따라서 '그냥'이라는 것이 말 그대로 그냥이거나 아무것도 없는
것이 아니라, 속내는 대단히 복잡하고 정치한 구조를 갖춘 가리새
덩어리임(識蘊)을 알 수 있어.

그러면 무엇을 따진다는 것인가. 바로 선善과 악惡이야. 달리 말
하면 좋아하고(愛) 좋아하지 않는 것 (不愛)이야. 살아생전에 '뜻할
가리새'(의식)가 한 일을 선과 악으로, 다시 말하면 좋아하고 좋아
하지 않는 것으로 정확하게 판별한다는 말이지."

잠긴 가리새(阿羅耶識)

할아버지는 계속했다.

"그러면 이제 이 '따짐 가리새'(말나식, 사량식)가 정확히 따지는 것만으로 모든 것이 끝날까? 그렇다면 뭐 별것 아니야. 따지기만 했으니까.

그러나 그렇지가 않아. 이 '따짐 가리새'(말나식)를 또 자세히 살펴보았지. 그랬더니, 그 속에 또 한 놈이 들어 있는 거야. 어쩌면 숨어 있다거나 잠겨 있다고 해도 좋고.

위에서는 '따지는 가리새'가 '그냥'이라는 것의 본체인 줄 알았는데, 이제 보니 그 속에 잠겨있는 놈이 그냥이라는 것의 진짜 본체란 말이지. 그래서 일단 이놈을 '잠긴 가리새'라 이름 붙였어.

이를 인도말로는 아라야식阿羅耶識이라 해. 이밖에 아뢰야식阿賴耶識, 아리야식阿梨耶識 등등 여러 이름이 있지. 이때 한자는 아무 뜻이 없어. 소리를 나타내는 기호에 불과하니까.

그리고 한자로는 여러 가지로 옮기지. 종자식種子識, 이숙식異熟識, 화합식和合識, 무몰식無沒識, 장식藏識, 본식本識, 진식眞識 등등으로. 그러나 대체로 아라야식阿羅耶識이라는 인도 말을 그대로 써.

그건 그렇고, 이제 보니 '잠긴 가리새'(아라야식)란 놈, 이놈이 진짜 본체야. 알고 보니 이놈이 속에 숨어서 모든 것을 다 조종하고 다 결정한 거야.

앞서 산봉우리를 헤아릴 때도 그냥 헤아린 줄 알았는데, 사실은 이놈이 속에서 다 조종한 것이고, 죽어서도 그냥 가는 줄 알았는데, 사실은 이놈이 속에서 다 조종한 거야.

그런데도 제 모습은 한 번도 드러내지 않아. '따짐 가리새'(말나식) 속에 죽은 듯이 숨어서 머리만 굴리는 거야. 달리 말하면 따짐 가리새와 한 몸체가 되어서 은밀히 움직인다고도 할 수 있고.

어쨌든 아주 맹랑한 놈이야. 따라서 어떻게든지 이놈을 밖으로 끄집어내어 버릇을 고쳐놔야 돼."

*아라야식의 여러 가지 표기: 아라야식阿羅耶識, 아뢰야식阿賴耶識, 아려야식阿黎耶識, 아리야식阿梨耶識, 라야식羅耶識, 려야식黎耶識, 뢰야식賴耶識

*아라야식의 여러 가지 한역漢譯: 종자식種子識, 이숙식異熟識, 화합식和合識, 무몰식無沒識, 장식藏識, 본식本識, 진식眞識

가리새 기능

다들 처음 듣는 말에 낯설어 하는 기색이 완연했다. 그러나 할아버지는 작정한 듯 이어나갔다.

"다소 어렵더라도 여기서 한번 정리하고 넘어가자고.

우리 몸에는 6가지 감각기관이 있어. 곧 보고, 듣고, 냄새 맡고, 맛보고, 느끼고, 생각하는 것(안이비설신의)이 그것이지. 이것들은 각각 활동을 해. 그러면 '뜻할 가리새'(의식)가 이것을 취합하여 종합적으로 판단하고 결정하지. 곧 우리가 행동을 하는 거야.

이때 '뜻할 가리새'는 이와 동시에 자기 속에 들어 있는 '따짐 가리새'(말나식)에게 있는 그대로 보고報告해. 물론 보고한다는 말은 비유야. 자기 속에 들어 있는 '따짐 가리새'가 인지認知한다고 하는 것이 더 정확한 표현이니까.

다음에는 '따짐 가리새'가 보고 받은 것을 좋아하고 좋아하지 않는 것(愛·不愛)에 따라 정확하게 판별해서는, 역시 자기 속에 들어 있는 '잠긴 가리새'(아라야식)에게 있는 그대로 보고해. 여기의 보고도 당연히 비유지. 사실은 인지니까.

그러면 '잠긴 가리새'는 보고 받은 것에만 의존해서 판단하고 활동을 개시하는 거야. 평소 죽은 듯이 조용히 숨어 있다가 합당하다고 판단되면 활동을 개시한다는 말이지. 곧 중생이 다시 태어나는 거야.

예를 들어 보겠네.

가령 어떤 사람이 죽이는 것(殺生)을 좋아한다면, 따짐 가리새가 이 성질을 인지하여, 잠긴 가리새에게 죽이는 것을 좋아한다고 보고하는 거야. 보고를 받은 잠긴 가리새는 이를 숙지熟知하고 있다가, 여기가 죽이는 곳이로구나라고 판단되면 활동을 개시하지. 곧 다시 태어나는 거야.

그러면 태어나는 곳이 어디일까? 바로 3악도야. 3악도三惡道가 무엇인가. 축생, 아귀, 지옥이지. 축생畜生은 동물세계를 말하고, 아귀餓鬼는 아무리 먹어도 배가 고픈 세계를 말하며, 지옥地獄은 말 그대로 지옥이지. 여기에 태어나는 거야. 다음에 말하겠지만 살생 등 7가지 악은 3악도에 떨어져.

만약 이런 것을 미리 안다면 누가 이런 곳에 가겠어. 아무도 안 가겠지. 누가 3악도에 가겠나. 그러나 태어난 뒤에야, 아차 여기가 바로 그곳이구나 하고 비로소 아는 것뿐이야. 따라서 자기가 지은 업보를 피할 수가 없는 거야.

만약 어떤 사람이 살리는 것(救生)을 좋아한다면 위의 모든 것이 거꾸로 돼. 곧 3선도에 태어나는 거야. 3선도三善道는 무엇인가. 수라修羅, 인간(人), 천당(天)이지. 수라가 사람이니 최소한 사람으로는 태어나는 거야. 이것도 피할 수가 없어. 반드시 3선도에 태어나지.

이렇게 되는 까닭은 '잠긴 가리새'가 아는 것이 이것뿐이기 때문이야. 보고 받은 것이 이것뿐이니까."

버릇 고치기

"다시 이야기해 보겠네.

우리의 '뜻할 가리새'(의식)는 온갖 것을 다 보고, 다 생각하고, 다 판단해. 우리 의식意識이 하는 일이 본디 그런 것이니 당연한 일이지. 마치 미쳐 날뛰는 말과 같아.

다음 '따짐 가리새'(말나식)는 너무도 슬기롭고 정확하게 따져서 실수나 착오가 있을 수가 없어. 오직 있는 그대로만 인지하고 있는 그대로만 보고하니까. 융통성이 전혀 없다는 이야기야. 마치 우직한 황소 같아.

보고를 받는 '잠긴 가리새'(아라야식)는 더 융통성이 없어. 어쩌면 너무도 순진하고 고지식하다고도 할 수 있고. 오직 따짐 가리새가 보고한 것에만 의존해서 결정하고 판단하거든. 마치 순해빠진 양과 같아.

따라서 전체적으로 보면 실수나 융통성이 있을 수가 없어. 달리 말하자면 선한 사람은 다음에 선한 세상에 태어나고, 악한 사람은 다음에 악한 세상에 태어나지. 이것이 뒤바뀔 가능성은 거의 없다는 이야기야.

그러면 이것을 뒤바꿀 방법이 정말 없을까?

아니야. 있지. 없어서야 되겠나.

그것이 무엇일까?

'잠긴 가리새'가 숙지한 것을 바꾸면 돼. 이것만 바꾸어버리면 악한 사람도 선한 곳에 태어날 수 있고, 숫제 태어나지 않기도 할 수 있어.

그러기 위해서는 어떻게 하면 될까?

'뜻할 가리새'가 좋은 것만을 생각하게 하면 돼. 그러면 '따짐 가리새'가 좋은 것만을 인지하여 좋은 것만을 보고하게 되고, 또 잠긴 가리새가 좋은 것만을 받아들여 좋게 판단하여 좋은 곳에 태어나지. 그러면 죽어서 눈 감고 가고, 귀 막고 가도, 저절로 천당으로 가게 돼. 아주 쉬워.

앞서 말한 산봉우리 세기도 마찬가지야. 만약 앞으로 산봉우리를 5개로 세고 싶다면, 평소 연습을 하는 거야. 이 정도程度는 산봉우리에 들어가지만 이 정도는 산봉우리에 들어가지 않는구나 하고. 곧 그 정도를 가늠해서 익히는 거야. 그러면 잠긴 가리새가 그 정도를 숙지하고 있게 되지. 이때 누군가가 갑자기 산봉우리를 세라고 할 때 구태여 5개로 세겠다고 의도하지 않더라도 세기만 하

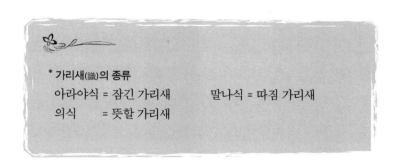

* 가리새(識)의 종류
아라야식 = 잠긴 가리새   말나식 = 따짐 가리새
의식   = 뜻할 가리새

면 저절로 5개가 되는 거야.

이것이 잠긴 가리새의 버릇을 고치는 방법이지."

호두

사람들은 할아버지의 설명을 듣고 나서도, 그런 것 같기도 하고 아닌 것 같기도 했다. 그러자 누군가가 말했다.

"할아버지, 좀더 쉽게 이야기할 수 없어요?"

"있기야 있지. 그런데 비유를 해야 돼."

"비유가 어때서요?"

"앞서 비유를 하기는 했지만 원래 비유라는 것은 좋은 것이 못 돼. 좋게 쓰면 좋지만 나쁘게 쓰면 나쁘게 되니까. 옳은 것을 그른 것으로, 그른 것을 옳은 것으로 바꾸어 놓을 수도 있고, 혼동을 불러올 수도 있거든. 이 점을 이해한다면 비유를 해보겠네."

"알겠습니다."

"자네들 호두 봤나? 단단한 껍질 속에 고소한 알맹이(씨)가 들어 있는 호두 말이야. 정월대보름날 깨어 먹기도 하지."

"예, 보았습니다."

"그러면 호두의 단단한 껍질 바깥에 두툼한 외피外皮가 있는 것도 봤나?"

"아니요."

"그렇겠지. 모두들 시장에서 파는 잘 손질된 호두만 보았을 테니. 사실은 호두의 단단한 껍질 바깥에 두툼한 외피가 있지. 따라서 원래 호두는 두툼한 외피, 단단한 껍질, 고소한 알맹이, 이렇게 3부분으로 되어 있지.

바깥 외피는 온갖 비바람을 다 맞으며 자라지. 봄에 싹이 나와 여름에 열매를 맺어 가을에 여무니까, 그동안 비바람을 비롯해서 온갖 것을 다 경험하며 자라. 그리고는 자기 안에 있는 단단한 껍질에게 있는 그대로 전해주지.

그러면 단단한 껍질은 외피가 전해준 것을 있는 그대로 다 받아들여. 좋은 것은 좋은 것대로 나쁜 것은 나쁜 것대로. 외피가 하는 일을 알 수가 없으니 그럴 수밖에 없잖아? 그리고는 역시 자기 안에 있는 씨(알맹이)에게 있는 그대로 전해주지.

그러면 안에 있는 씨는 단단한 껍질이 전해준 대로 자라는 거야. 좋은 것을 전해 받았다면 좋게 자라고, 나쁜 것을 전해 받았다면 나쁘게 자라지.

안에 있는 씨가 좋은 것을 전해 받았는데 나쁘게 자라거나, 나쁜 것을 전해 받았는데 좋게 자라거나 하는 것이 가능할까? 불가능하지. 그럴 가능성은 전혀 없어.

이제 이 호두를 위에서 말한 가리새(식), 곧 뜻할 가리새(의식), 따짐 가리새(말나식), 잠긴 가리새(아라야식)에 대비시켜 보겠네.

이 셋을 8가지 가리새(八識)라 하는데, 그 까닭은 뒤에 이야기하지.

그러면 바깥 외피가 '뜻할 가리새'가 되고, 단단한 껍질이 '따짐 가리새'가 되며, 안의 씨가 '잠긴 가리새'가 돼.

또 이 8가지 가리새(8식)의 작용도 호두의 작용과 같아.

뜻할 가리새가 좋은 일을 했는데, 따짐 가리새가 나쁘게 받아들여, 잠긴 가리새에게 나쁘게 보고해서, 나쁘게 태어난다든가, 뜻할 가리새가 나쁜 일을 했는데, 따짐 가리새가 좋게 받아들여, 잠긴 가리새에게 좋게 보고해서, 좋게 태어난다든가 하는 것이 가능할까?

불가능해. 받아들인 대로, 보고 받은 대로 태어나는 거야. 곧 선한 사람은 선한 곳에, 악한 사람은 악한 곳에 태어나지, 그 반대는 불가능하다는 이야기야."

해탈하기

"그렇다면 그 씨를 바꾸어 버리든지, 숫제 없애 버리든지 하면 될 것 아닙니까?"

할아버지가 불가능함을 강조하자 누군가가 대꾸했다.

그러자 할아버지도 맞장구를 쳤다.

"그렇지. 바로 그거야. 위에서 잠시 말했지만, 그 씨의 성질을 바꾸어 버리든지 아니면 숫제 없애 버리든지 하면 돼.

호두 씨의 성질을 바꾸어 버리면 비록 나쁜 씨라도 좋은 싹을 틔울 것이며, 호두 씨 자체를 없애 버리면 애초부터 씨가 없으니 싹이 트지 않겠지.

가리새의 성질을 바꾸어 버리면 악한 사람도 다음에는 선한 세상에 태어날 것이고, 가리새 자체를 없애 버리면 선한 사람이든 악한 사람이든 다시 태어나지 않겠지.

이렇게만 되면 만사형통이야."

"쉽네요."

"쉽지, 쉽고말고. 아주 쉽지. 허허."

"그런데 왜 웃으세요?"

"너무 쉬워서 그래. 허허."

종자식種子識

"할아버지, 조금 전에 종자식이다, 이숙식이다 했는데 그것은 뭔가요?"

"아, 그렇지. 조금 전에 이야기했지. 이제 설명해 주겠네.

인도 말 아라야식阿羅耶識을 중국 사람들은 자기들 한자말로 옮겨 보려고 무척 노력했어.

그래서 처음에는 종자식種子識, 곧 '씨 가리새'라고 옮겼지. 씨가 되는 가리새란 뜻이야. 그런데 여기에 문제가 있어.

원래 씨라는 것은 반드시 자기의 씨를 낳아야 하는 것 아니겠나? 가령 콩이라면 언제나 콩을 낳고, 팥이라면 언제나 팥을 낳아야 씨지. 토양이 나쁘다고 콩이 팥을 낳거나, 팥이 콩을 낳는다면 그것은 씨라고 할 수가 없겠지.

그런데 이 잠긴 가리새(아라야식)는 바뀔 수가 있어. 곧 비록 지금 세상에는 나쁜 곳에 태어났더라도 지금 노력하면 다음 세상에는 좋은 곳에 태어날 수도 있고, 비록 지금 세상에는 좋은 곳에 태어났더라도 지금 잘 못하면 다음 세상에는 나쁜 곳에 태어날 수도 있거든. 따라서 엄격한 의미의 씨(종자)라고 할 수가 없어.

그래서 그 다음에는 이숙식異熟識이라 옮겼지. '달리 익는 가리새', 곧 다른 씨로 익는다는 뜻이야. 여기서 익는다는 말은 자란다는 뜻이지.

그런데 이 말도 문제가 있어. 언제나 다른 씨로 자란다는 뜻이 될 수가 있거든. 그러나 사실은 다른 씨로 자랄 수도 있고, 자기 씨로 자랄 수도 있는 거야. 위에서 본 것처럼, 사람이 다시 사람으로 태어날 수도 있고 아니면 짐승으로 태어날 수도 있다는 이야기지. 역시 정확한 표현이 못 돼.

그래서 어떤 이는 숨은 가리새(藏識), 바탕 가리새(本識), 참된 가리새(眞識), 여러 가지가 합쳐진 가리새(和合識), 없어지지 않는 가리새(無沒識) 등등으로 옮기지.

그러나 그 어느 것도 마땅치가 않아. 그래서 숫제 번역을 포기하고 아라야식이란 인도 말을 그대로 써. 하지만 자기 나라 말로 옮겨 보려는 중국인들의 노력에는 경의를 표하지 않을 수가 없어. 이는 외래 사상을 자기들 문화에 동화시키겠다는 뜻이니까.

그런데 이 아라야식을 우리말로 옮기면 한결 쉬워. 앞서 말한 '잠긴 가리새'가 그것이야. 이는 한글 같은 소리글자의 장점이지. 어떤 면에서는 한자 같은 뜻글자보다 우수해.

그리고 사실은 이 잠긴 가리새라는 말에는 2가지 뜻이 있어. 하나는 내가 다른 것에 잠겨(포함되어) 있다는 뜻이고, 둘은 다른 것이 나에게 잠겨(포함되어) 있다는 뜻이야.

내가 잠겨 있는 곳은 앞서 말한 따짐 가리새(말나식)와 뜻할 가리새(의식)이고, 나에게 잠겨 있는 것은 다음에 말할 여래 세계(여래장)와 참 마음(진여)이야. 곧 잠긴 가리새보다도 더 근본적인 것이 있다는 뜻이지.

또 중국 사람들은 말나식末那識도 옮기려 노력했지. 위에서 말한 사량식思量識이 그것이야. 그러나 이 말도 마땅치가 않았던지 말나식이란 인도 말을 즐겨 써. 그러나 이 말나식을 우리말로 옮기면 아주 간단해. 위에서 말한 것처럼 '따짐 가리새'가 되니까. 좋아하고 좋아하지 않는 것을 정확하게 판별하는 가리새란 뜻이지."

8식八識

"기왕 말하는 김에 조금 더 이야기하지.

어떤 때는 뜻할 가리새(의식)를 6식六識, 따짐 가리새(말나식)를 7식七識, 잠긴 가리새(아라야식)를 8식八識이라 하기도 해. 또 이 셋을 합쳐서 8식八識이라 하기도 하고.

'뜻할 가리새'를 6식이라 하는 까닭은 우리 몸의 감각작용, 곧 보고, 듣고, 냄새 맡고, 맛보고, 피부로 느끼고, 뜻하는 것(안이비설신의) 6가지를 가리키기 때문이야. 이를 앞쪽 5가지와 뒤쪽 1가지로 나누면, 앞쪽 5가지가 5식五識이 되고, 뒤쪽 한 가지가 6식六識이 돼. 정확한 표현은 앞쪽은 전5식前五識이고, 뒤쪽은 제6식第六識이지.

전5식, 곧 앞쪽 5가지 가리새는 흔히 구분하지 않고 합쳐서 5식五識이라 해. 눈은 1식, 귀는 2식, 코는 3식 등등으로 구분하지 않는다는 이야기야. 구태여 구분할 필요가 없기 때문이지. 따라서 전5식과 5식은 같은 뜻으로 쓰여.

'뜻할 가리새'(意識)는 두 가지 의미가 있어. 좁은 의미와 넓은 의미가 그것이지. 좁은 의미는 6번째 뜻할 가리새 혼자만을 가리키는 것이고, 넓은 의미는 앞쪽 5가지 가리새를 모두 포함하는 개념으로 쓰는 것이지. 따라서 정확한 표현은 좁은 의미는 제6식이고, 넓은 의미는 그냥 6식이야.

그러나 흔히 이를 구분하지 않고 그냥 6식이라 해. 실제로 구분하기가 힘들기 때문이지. 따라서 그냥 6식이라 했을 때 그것이 어느 경우인가는 그때그때 따져볼 수밖에 없어. 하지만 대체로 넓은 의미로 쓰지.

따짐 가리새(말나식)와 잠긴 가리새(아라야식)도 마찬가지야. 좁은 의미와 넓은 의미, 곧 자기 혼자만을 가리킬 때와 아래 것을 모두 포함하는 개념으로 쓸 때가 있지. 이때도 정확한 표현은 제7식第七識 · 제8식第八識, 그리고 그냥 7식 · 8식이야.

물론 이것도 구분하지 않고 써. 역시 실제로 구분하기가 힘들기 때문이야. 따라서 7식, 8식이라 했을 때 그것이 어느 경우인가는 그때그때 따져볼 수밖에 없어. 하지만 대체로 넓은 의미로 쓰지.

다 알겠지만 위에서 뜻할 가리새, 따짐 가리새, 잠긴 가리새 3가지만 써 놓고 8가지 가리새(八識)라 하는 까닭은, 뜻할 가리새(意識)가 6가지를 뜻하기 때문이야.

정리하면 5가지 가리새(5식) 다음이 뜻할 가리새(의식)이고, 그 다음이 따짐 가리새(말나식)이며, 그 다음이 잠긴 가리새(아라야식)인데, 이를 차례대로 전5식, 제6식, 제7식, 제8식, 또는 5식, 6식, 7식, 8식이라 한다는 거야.

앞의 것은 자기 혼자만을 나타내는 것이고 뒤의 것은 아래 것을 모두 포함하는 개념이지. 그러나 실제로는 뒤의 것을 쓰면서 두 가지 뜻을 모두 포함하는 개념으로 쓴다는 거야.

여래 세계(여래장)와 참 마음(진여)은 뒤에 이야기하겠네."

과거 모름

그러자 누군가가 의아해하면서 물었다.

"만약에 사람이 지난 세상에도 살았고, 지금 세상에도 살고 있으며, 다음 세상에도 산다면, 어째서 지난 세상의 일은 하나도 기억하지 못합니까?"

할아버지가 대답했다.

"앞서 호두 이야기를 했지.

그 호두의 단단한 껍질이, 바깥의 두툼한 외피가 겪었던 일들을 기억할까? 외피가 겪었던 비바람과 온갖 일 등을. 하나도 기억하지 못해.

그리고 호두 알맹이(씨)가, 단단한 껍질이 겪었던 일들을 기억할까? 단단한 껍질을 따스한 가을 햇살에 말리던 일 등등을. 역시 하나도 기억하지 못해.

단단한 껍질은 두툼한 외피가 전해준 것만 받아들인 것일 뿐이고, 알맹이는 단단한 껍질이 전해준 것만 받아들인 것일 뿐이야. 그리고 전해준 것은 그들이 겪은 일들이 아니라, 그들이 좋아하고 좋아하지 않는 것일 뿐이지.

가리새(식)도 마찬가지야. 따짐 가리새는 뜻할 가리새가 전해준 것만 받아들인 것일 뿐이고, 잠긴 가리새는 따짐 가리새가 전해준 대로 받아들인 것일 뿐이야. 역시 전해준 것은 그들이 겪은 일들이 아니라, 그들이 좋아하고 좋아하지 않는 것일 뿐이지.

따라서 지난 세상의 일은 모르는 거야.

그러나 사람 중에는 지난 세상과 다음 세상을 아는 사람이 있어. 곧 뜻할 가리새와 따짐 가리새와 잠김 가리새를 모두 꿰뚫어 보는 사람이 있다는 이야기지. 깊은 수행을 통해서 말이야."

귀신

"그러면 귀신鬼神은 무엇입니까?"

누군가가 엉뚱하게 물었다. 그러자 할아버지가 조심스레 말했다.

"귀신이라. 자네가 묻는 귀신이란 원한이 있는 귀신, 곧 원귀寃鬼일 게야.

물론 그런 귀신은 있다네. 있어서는 안 되겠지만 불행히도 있어.

가령 어떤 처녀가 치한에게 농락당해 억울하게 죽었다든지, 젊은 청년이 한번 피어보지도 못하고 전쟁터에서 스러졌다든지, 어린 자식을 남겨두고 젊은 부모가 죽었다든지, 뜻하지 않은 사고에 살려고 발버둥쳐 보았지만 죽었다든지 하면, 그 미련과 원한이 없어지겠어? 없어질 수가 없지. 그 원한이 뭉쳐 있는 거야. 이것이 바로 그대가 말하는 귀신이지.

앞서 죽음과 동시에 '뜻할 가리새'(의식)가 활동을 멈춘다고 했어. 그러나 그것은 어디까지나 원칙적인 이야기야. 만약에 원한이 굳게 뭉쳐져 있다면 뜻할 가리새가 쉽게 풀어지지 않아. 육신은 이미 썩지만 가리새는 뭉쳐서 남아 있다는 이야기지. 이것이 바로 귀신이야. 정확히 말하면 원한이지.

조선시대 성호星湖 이익李瀷 선생은 이를 울결鬱結이라 표현했어. 원한이 뭉쳐 맺어졌다는 뜻이야.

물론 이 원한도 언젠가는 풀어져서 흩어져. '거듭 남'(윤회)의 질서에 어긋나기 때문이고, 세상만사 변하지 않는 것이 없기 때문이지.

그래서 생육신生六臣의 한 사람인 추강秋江 남효온南孝溫 선생은 鬼神을 歸伸으로 해석했어. 귀신 귀鬼를 돌아갈 귀歸로, 신 신神을 펼 신伸으로 표현했지. 언젠가는 풀어진다는 뜻이야.

그러나 풀어지기 전까지는 남아 있어. 이것이 귀신이야."

할아버지가 잠시 뜸을 들였다.

"따라서 귀신이 중요한 것이 아니라, 귀신이 생기지 않게 하는

것이 중요해. 원한이 생기지 않게 해야 한다는 말이지. 원한이 있
으면 풀어줘야 하고."

잠재의식

"위에서 따짐 가리새(말나식)라 하셨는데, 이것이 혹시 잠재의식
潛在意識 아닌가요?"

경수가 알 듯 모를 듯한 표정으로 묻자 할아버지가 대답했다.

"잠재의식은 말 그대로 잠재해 있는 의식이야. 다시 말하면 의도
는 했지만 더 이상 생각을 진행시키지 못하고 억누른 것이지. 도덕
적, 법률적, 정치적, 현실적 등등의 이유로.

가령 친구의 애인을 사랑하고 싶으나 도덕적 이유로 생각을 억누
르고, 원수를 죽이고 싶으나 법률적 이유로 생각을 억누르며, 세상
에 진실을 밝히고 싶으나 정치적 이유로 생각을 억누르고, 멀리 여
행을 떠나고 싶으나 현실적 이유로 생각을 억누르는 것 등등이야.

이와 같은 억눌린 생각은 '뜻할 가리새'가 억눌린 것일 뿐이야.
따라서 결국 뜻할 가리새야. 뜻할 가리새에 내재內在해 있으면서,
뜻할 가리새가 활동을 멈추어야 비로소 나타나는 '따짐 가리새'와
는 다르지.

그리고 중요한 것은 이 잠재의식도 의식과 마찬가지로 따짐 가

리새에 영향을 줄 수 있다는 것이야. 이것은 잘못된 생각이다 하면
서도 자꾸자꾸 생각하게 되면, 따짐 가리새가 이를 감지해서 받아
들인다는 이야기지. 따라서 잠재의식이든 의식이든 잘못된 생각
을 해서는 안 되는 거야."

소질

"조금 더 말하자면, 우리는 어떤 일에 대한 소질素質이라는 말을
자주 쓰지. 천부적 재능이라 하기도 하고.

그런데 이 소질은 따짐 가리새가 판단한 좋아하고(愛) 좋아하지
않는 것(不愛)의 흔적일 수가 있어. 앞서 이야기한 것처럼 '따짐 가
리새'(말나식)의 주된 임무가 좋아하고 좋아하지 않는 것을 판단해
서 '잠긴 가리새'(아라야식)에게 보고하는 것인데, 잠긴 가리새가
이를 기억하고 있다가 활동을 개시할 때 함께 나타난다는 것이지.

곧 소질이란 자기가 지난 세상에서 닦은 것이 지금 세상에 나
타나는 것이야. 인과응보因果應報란 말이지. 하늘이나 그 누군가가
임의로 내려주는 것이 아니고. 곧 천부적이 아니란 말이야.

따라서 지금 세상에서 좋은 소질을 열심히 닦아야, 다음 세상에
서 이 소질을 받아 쓸 수가 있어. 만약 지금 세상에서 나쁜 소질을
닦는다면 다음 세상에서는 나쁜 것을 받겠지. 그리고 지금 세상에

서 게으르다면 다음 세상에서도 게으르겠지. 당연히 이렇게 되면 안 되지. 다음 세상이 불행해지니까.

따라서 지금 세상에서 게으름 피우지 말고 좋은 일을 열심히 하는 거야. 그래서 석가釋迦나 공자孔子 같은 성인들이 게으름을 그렇게 경계했는지도 몰라."

꿈

"앞에서 잠재의식에 대해 말씀하셨는데, 그렇다면 꿈은 무엇이에요?"

옆에 있던 누군가가 궁금한 듯 불쑥 묻자 할아버지가 말했다.

"꿈은 꿈이야."

할아버지는 선문답같은 대답을 던져놓고 말을 이어 나갔다.

"우리 몸에 있는 5가지 감각작용, 곧 보고, 듣고, 냄새 맡고, 맛보고, 피부로 느끼는(안이비설신) 작용이 멈춘 상태에서, 뜻할 가리새가 혼자 활동하는 것이 꿈이지. 따라서 꿈은 일반적으로 잠잘 때만 나타나. 잠잘 때는 5가지 감각작용이 멎으니까.

꿈에는 두어 가지 특징이 있어.

첫째, 제약이 없어. 시간과 공간, 도덕적, 법률적, 정치적, 현실적 등등의 제약이 없는 것이지.

둘째, 따짐 가리새(말나식)도 가끔 모습을 드러내.

시간과 공간의 개념이 없고 도덕적, 법률적 등등의 제약이 없는 까닭은 위에 말한 것처럼 5가지 감각작용이 멎었기 때문이지. 보고 듣는 것이 없으니 거리관념, 시간관념, 도덕관념, 윤리관념 등등이 있을 수가 없거든.

따짐 가리새가 가끔 모습을 드러내는 것은 뜻할 가리새의 활동이 둔해졌기 때문이야. 따짐 가리새는 뜻할 가리새가 멈춰야 본격적으로 모습을 드러내는데, 뜻할 가리새의 활동이 완전히 멈추지 않고 단지 둔해졌기 때문에 따짐 가리새도 가끔씩 모습을 드러내는 것이지.

그러나 우리가 정작 꿈을 꾸었을 때, 이 꿈이 뜻할 가리새의 작용인지 따짐 가리새의 작용인지를 알기가 무척 힘들어. 대부분 이 두 가지가 겹쳐서 작용하기 때문이지.

하지만 현실적 · 물질적 꿈이라면 뜻할 가리새의 작용이 강하고, 추상적 · 정신적 꿈이라면 따짐 가리새의 작용이 강하다고 할 수 있어.

또 평소 생각하던 것을 꿈꾼 것이라면 뜻할 가리새의 작용이라 할 수 있고, 평소 생각지도 않은 것을 꿈꾼 것이라면 따짐 가리새의 작용이라 할 수 있지.

특히 평소 성실한데도 꿈이 나쁘다면, 이는 따짐 가리새 중 과거 생애에서의 악습惡習이 나타나는 것일 수도 있어.

만약 꿈이 거칠다면 꿈을 다스려야 해. 뜻할 가리새를 다스리듯 따짐 가리새도 다스릴 수가 있거든. 이는 곧 우리의 마음을 다스린 다는 이야기지. 우리가 의식적으로 이것은 안 된다라고 해서 고치 듯이, 꿈에서도 이것은 안 된다라고 해서 고칠 수가 있어."

인간으로 태어나기

"자, 이제 이야기를 본데로 돌리자고."

꿈에 대한 이야기를 한참 하시던 할아버지가 분위기를 바꿨다.

"앞에서 비록 사람(人)이 중간이 못 된다고 했지만, 이 중간도 못 되는 사람으로 태어나기도 참으로 어려운 일이야. 실은 지난 생애 에서 한량없는 공덕을 쌓았기 때문에 지금 생애에서 사람으로 태어 난 것이지. 우리가 사람이니까 우리의 존귀함을 모르는 것뿐이야.

석가는 이를 이렇게 비유했어.

'눈 먼 거북이가 바다를 떠돌다가 쉬기 위해 머리를 물 밖으로 내 밀었을 때, 마침 떠다니는 판자의 옹이구멍에 머리를 들어가는 것 과 같다.'

현실적으로 이렇게 될 확률이 과연 있기나 할까? 사람으로 태어나기가 이렇게 힘들다는 뜻이야.

더욱이 전쟁도 없는 시대에, 그래도 먹고 살만한 나라에 태어났다는 것은 더욱더 어려운 일이지. 지난날 정말로 한량없는 공덕을 쌓았기 때문이야.

따라서 같은 나라, 같은 시대, 같은 문화권에 살고 있는 모든 사람들이 얼마나 고마운 분들인지 몰라. 그들도 모두 지난날 한량없는 공덕을 쌓은 분들이거든. 나아가 모든 인류가 얼마나 고마운 분들인지 몰라. 그들도 모두 지난날 한량없는 공덕을 쌓은 분들이니까.

그런데도 가끔 사람들을 속이고, 해치고, 심지어 죄 없는 사람을 죽이고, 전쟁을 일으키는 자가 있어. 이들은 다음 세상에서 자기가 어떻게 될지를 전혀 생각해보지 않는 사람들이야. 잘못하면 축생이나 지옥으로 떨어질 텐데 말이야.

생각하고 싶지도 않지만, 한번 축생이나 지옥으로 떨어지면 위로 올라오기가 참으로 힘들어. 내 마음을 돌볼 겨를이 없기 때문이지. 내 마음을 닦아야 위로 올라가는데, 주위에는 내 몸의 고깃덩어리를 탐내는 것들뿐이니, 언제 마음을 돌보고 닦을 겨를이 있겠어.

그래도 사람이니까, 그 사람이 아무리 악한 일을 저질러도, 그 사람의 마음을 이해해 주려고 노력하고, 그 사람의 입장을 이해해 주려고 노력하지. 축생과 지옥에서는 이와 같은 일이 불가능해.

따라서 사람을 속이고, 해치고, 죽이고, 전쟁을 일으켜서는 안 되지. 여기에는 어떤 이유도 없어. 다음 세상에 사람이 되느냐, 개

돼지가 되느냐 하는 문제니까."

공수래공수거

"원래 사람들은 지난날의 모든 공덕과 업보業報에 대한 평가를
받고서 지금 사람으로 태어난 거야. 지난날의 일들은 이미 다 정리
가 되었다는 이야기지. 쉽게 말하면 빈손으로 온 거야.

따라서 갈 때도 빈손으로 가야 돼. 모든 업業을 정리하고 가야
한다는 말이지. 절대로 악업惡業을 가지고 가서는 안 돼. 악업을 가
지고 가면 죽음과 동시에 심판이 시작되거든.

한자로 쓰면 공수래공수거空手來空手去야. 빈손으로 왔다가 빈
손으로 간다는 뜻이지.

흔히 사람들은 이 말을 재물을 가리키는 것으로만 쓰는 것 같아.
재물이 아무리 많아도 놓고 간다는 뜻으로 말이야. 물론 재물도 해
당되지. 그러나 재물에 앞서 업이야. 재물은 업의 일부분에 지나지
않아.

그렇다면 업이란 무엇인가. 원래는 사람이 하는 행위 일체를 말
해. 선한 행위든 악한 행위든. 그러나 선한 행위는 좋은 것이니 그
것이 쌓이면 하늘나라에 태어나지 않겠어? 따라서 따질 필요가 없
지. 문제는 악한 행위야. 그것이 쌓이면 이 다음 세상에는 개나 돼

지로도 태어날 수 있으니까. 따라서 신경을 쓰지 않을 수가 없어.

그래서 보통 업이라 하면 악업, 곧 나쁜 업을 말하지. 어쨌든 악한 업은 무조건 떨쳐 없애야 해. 여기에도 이유가 없어."

역사의 승자

❖

진정한 승자

"할아버지가 말씀하시는 것은 막연한 것 아닙니까?"

누군가가 항의하듯 말하자 할아버지는 잠시 멈추었다가 말을 이었다.

"물론 막연할 수도 있어. 잘못된 생각일 수도 있고……. 직접적으로 증명할 수가 없거든. 적어도 내 능력으로는 말이야. 어느 개인의 과거와 현재와 미래를 다 안다는 것은 보통사람으로서는 불가능한 일이니까. 또 알아볼 필요도 없는 것이고.

그러나 간접적인 예는 들어볼 수가 있네. 자손들을 보는 것으로. 하지만 먼저 조심스럽다는 말을 해야겠네. 다음의 예는 조상의 업이 자손에게까지 미친다는, 즉 조상이 덕을 쌓으면 그의 자손이 번성하고, 조상이 덕을 쌓지 못하면 그의 자손이 쇠퇴한다고 하는 우리의 관념을 전제로 했기 때문이네.

따라서 이에 대한 반론이 있을 수가 있네. 그래서 그냥 저렇게도 생각하는구나 하고 가벼이 보아 주었으면 좋겠다는 것이지. 그렇게 보아 준다면 우리나라의 역사를 통해서 예를 하나 들어보겠네.”

사람들이 알겠다는 듯 잠자코 있자 할아버지가 말하였다.

“옛날 우리나라에는 가야, 신라, 백제, 고구려 네 나라가 다투었지. 이른바 4국四國이야.

처음에 가야와 신라가 맞붙었어. 그런데 가야의 10대 구형왕이, 신라 24대 진흥왕에게 나라를 넘겨주고 말았어. 싸움에 자신이 없었는지, 아니면 젊은 병사들이 전쟁터에서 죽는 것이 불쌍해서였는지는 알 수 없지만. 어쨌든 승리는 신라 진흥왕이 차지했어. 서기 562년의 일이지.

그러면 이게 다일까. 그렇지가 않네. 그로부터 약 1,500년이 지난 지금, 우리나라 인구 중 약 410만 명이 김해 김씨일세. 가야의 구형왕, 나아가 그의 선조이자 김해 김씨의 시조인 김수로왕의 후손들이지.

그러면 나라를 물려받은 진흥왕 쪽은 어떤가. 역시 우리나라 인구 중 약 170만 명이 경주 김씨야. 신라의 진흥왕, 나아가 그의 선조인 신라 김씨의 시조 김알지의 후손들이지.

상식적으로 생각하면 이 숫자는 뒤바뀌어야 하네. 이긴 쪽이 많아야 한다고 생각되니까. 그러나 그렇지가 못하거든. 이는 나라를 포기하는 대신 전장에서 스러질 아들과 남편을 구해서 어머니와 아낙들의 음덕을 받았기 때문이고, 애꿎게 희생될 힘없는 어린이와 노인을 구해서 만백성의 음덕을 받았기 때문이 아닐까.

일설에는 24대 진흥왕 때가 아니고, 23대 법흥왕 532년이라고 해. 그러면 진흥왕의 직계후손은 있으나 법흥왕의 직계후손은 없는 것이지.”

할아버지는 잠시 숨을 고른 후 다시 말을 이어 나갔다.

“그 후 이른바 3국통일三國統一 전쟁이 시작되었어.

신라, 백제, 고구려가 싸운 거지. 다 알다시피 모두 수단 방법을 가리지 않고 죽어라고 싸우지 않았나. 그러다가 신라 김춘추 일파가 중국 당나라와 연합하여 백제와 고구려를 멸망시킴으로써 끝을 맺었지. 서기 668년의 일일세.

흔히 이것을 신라의 3국통일이라 하는데, 나는 이 말을 쓰는 이유를 납득하지 못하겠네. 고구려가 차지했던 우리 민족의 영토, 곧 요령, 요동, 만주, 흑룡강, 연해주, 그리고 지금의 북한 지역 등 전 영토의 6분의 5정도를 다른 민족에게 넘겨주고, 6분의 1정도밖에 안 되는 지금의 남한 정도를 차지하는 것도 통일이라 하는 건지. 민족약화民族弱化 정책이라 해야 옳지 않을까.

그건 그렇고, 이들의 후손들을 보자고. 백제 의자왕은 중국으로 끌려갔으며 그의 후손들도 흐지부지되어 알 수가 없네. 고구려 보장왕은 나라를 잃었고, 실력자 연개소문의 못난 아들 또한 나라를 망쳐버렸으니, 이들의 후손 역시 알 수가 없네.

그러면 전쟁에 승리하여 통일을 이룩한 신라 무열왕 김춘추의 후손은 번창할까? 아닐세. 그의 후손, 특히 장손은 37대 혜공왕 때 끊어지네. 김춘추로부터 약 120년 만의 일이지.

모두들 죽어라 싸웠지만 결과적으로 후손들은 모두 변변치가 못하네."

"그리고 다시, 이른바 삼국통일이 이루어진 지 약 300년이 지나자 손바닥만한 땅덩어리가 셋으로 나눠지지. 다 아는 것처럼 신라, 후백제, 고려의 후3국이 그것이지. 나눠졌으니 이제는 합쳐야지. 통일 전쟁이 시작되었어.

후백제의 견훤과 고려의 왕건이 맞붙어서 죽어라고 싸웠지. 신라는 눈치만 보았고. 결국 왕건이 승리했어. 그러던 중 이길 자신이 없었던지, 아니면 큰 덕을 베풀었는지는 몰라도, 신라 56대 경순왕이 나라를 고려 왕건에게 넘겨주고 전쟁을 끝냈어. 이른바 후3국통일이야. 서기 935년의 일일세.

그 후 약 천년이 지난 지금은 어떨까. 죽어라고 싸웠으나 패퇴한 견훤, 나아가 전주 견씨는 그 수가 아주 적고, 정작 승리하여 후3국을 통일한 왕건, 나아가 개성 왕씨는 약 2만 명 정도이나, 나라를 넘겨준 경순왕, 나아가 경주 김씨의 후손은 위에서 본 것처럼 약 170만 명이야.

자, 그러면 역사의 승자는 과연 누구일까. 진흥왕과 김춘추와 왕건일까. 물론 그렇게 볼 수도 있겠지. 그러나 그렇게 보지 않을 수도 있어. 오히려 구형왕과 경순왕일 수도 있거든. 칼을 휘두른 자가 아니라 덕을 쌓은 자가 최후의 승자일 수도 있다는 이야기지.

권력은 칼로 이루어지는지 몰라도, 인류사는 덕으로 이루어지는 것이야. 물론 이것만 가지고 모든 것을 말하기는 곤란하지만."

"그러면 근세를 볼까. 1950년에 우리나라는 참으로 부끄러운 전쟁이 있었어. 소련을 등에 업은 북한과 미국을 등에 업은 남한이 맞붙었지. 그 결과 약 400만 명의 죄 없는 우리 동포들이 피해를 입었어.

이 동족 간의 전쟁을 막아 보려고 동분서주한 사람이 백범 김구 선생이야. 그는 정치에 신경 쓸 겨를도 없이 사람들의 만류를 뿌리치고 북한으로 넘어가서 북한의 지도자와 만났지. 분열을 막고 동족간의 전쟁을 막아야 했으니까. 그러나 그는 결국 이용만 당한 꼴이 되었어.

이것을 보고 사람들은 김구 선생이 정치에 어둡다고 하지. 물론 어둡기도 해. 그러나 이것은 권력의 측면으로 본 것이야. 인류사의 보편적 정신으로 본 것이 아니야.

권력의 측면에서 보면, 민족을 진정으로 걱정했으나 정치에 어두운 김구 선생은 아둔하고, 민족은 죽든 말든 권력에 몰두해서 전쟁을 일으킨 사람들은 영특하지. 그러나 인류사의 보편 정신으로 보면 반대야. 김구 선생은 위대한 인물로 추앙받지만 전쟁을 일으킨 사람들은 진정성을 의심받거든.

이제 이들은 다 죽었어. 따라서 이들이 지은 업보도 인류사에만 남아 있지. 남은 것은 우리 후손들이 어떻게 하느냐 하는 것뿐이야.

덕을 베풀어서 선대의 업을 벗길 것인가, 아니면 인류사의 흥망성쇠에 맡겨버리고 말 것인가. 나아가 이런 일을 본받아 앞으로는 덕을 쌓을 것인가, 아니면 예전처럼 힘을 쫓아 업을 쌓을 것인가 하는. 분명한 것은 당장의 역사는 힘일지 몰라도 인류사는 덕이라는 것이야."

"우리 민족을 침략한 이민족도 예외가 아니네.

임진왜란의 경우, 한일 간 화해를 위해 주요 인물들의 후손이 만남을 시도한 적이 있었네. 그러나 정작 전란의 주범인 도요토미 히데요시의 후손이 없는 거야. 후손이 끊어졌는지 숨었는지는 모르지만 어쨌든 나타나지 않고 있어. 이순신 장군의 후손은 당연히 이어져오고. 따라서 결국 진정한 화해를 못 하고 있지.

최근 일본에서는 종군위안부와 강제징용 등 과거 일제 강점시대에 저지른 선조의 죄에 대하여 반성하지 않거나 심지어 그것을 이용하려는 사람이 있어. 나는 그들이 참으로 어리석다고 생각하네. 동양 수천 년 역사를 보면서도 인과응보의 진실을 깨닫지 못하니 말이야. 자기 자신이 다음 생애에 3악도에 떨어지지 않고, 또한 자기 후손에게 나쁜 영향을 주지 않으려면 진심으로 뉘우쳐서 피해자들의 한을 풀어줘야 하지 않을까."

뉘우침

"할아버지 말씀을 듣고 나니 무섭네요.

그런데 사람이 살다보면 본의 아니게 죄를 지을 때도 있는데, 이때는 어떻게 해야 합니까?"

친구가 자못 심각한 표정으로 물었다.

"벗어나야지."

"어떻게요?"

"뉘우치는 것이야."

"참회요?"

"그렇지. 바로 그것이야. 참회懺悔라 하든, 회개라 하든, 반성이라 하든, 사과라 하든, 뭐라 하든 상관없네. 결국 뉘우치는 것이니까. 뉘우침만이 모든 것을 해결해주지.

뉘우침에는 두 가지 면이 있어. 하나는 상대방에게 진심으로 용서를 구하는 것이고, 둘은 내 스스로 진심으로 뉘우치는 것이지. 상대방의 원한과 나의 죄가 동시에 벗겨져야 된다는 이야기야.

한문으로는 참괴懺愧라고 해. 참懺이란 상대방에게 용서를 구하는 것이고, 괴愧란 내 스스로가 뉘우치는 것이지. 우리말로 옮기면 '빌며 뉘우친다'고 할까.

어쨌든 이 두 가지가 함께 이루어져야 진실된 뉘우침이 돼. 그래야만 지난날 지은 죄가 해결되지. 이 중 어느 하나가 빠지거나 진실되지 못하면 죄는 남아 있어."

죄업소멸

"진실되게 뉘우치면, 지난날 지은 죄가 아주 없어지나요?"

"아니야. 아주 없어지는 것은 아니야. 한번 지은 죄는 영원히 없어지지 않아.

다만 지은 죄의 대가가 활동하지 못하는 것뿐이야. 정확히 말하면 지은 죄가 효력을 발휘하지 못하도록 다스리는 것뿐이야. 없애는 것이 아니야.

이 다스리는 것을 가지고 죄업을 다 없앴다고 듣기 좋게 말하는 것이지. 따라서 다시 죄를 지으면 지난날 지은 죄까지 한꺼번에 따라 올라와.

가령 어떤 사람이 살인을 했다면, 살인한 사실이 없어질까. 아니야. 절대로 없어지지 않아. 다만 그 살인한 사실을 뉘우치면 그 살인의 대가가 잠자는 것뿐이야. 이 잠자는 것을 표현하여 죄업을 다 없앴다고 듣기 좋게 말한다는 이야기지.

따라서 만약 나중에 또다시 살인을 한다면 지난번 살인한 사실까지 함께 들춰지는 거야. 그러나 만약 다시 살인을 하지 않는다면 앞의 살인 행위도 계속 잠자므로 영원히 들춰지지 않지.

흔히 이것을 두레박이나 낚시 추에 비유하지. 즉 두레박은 물속에 잠겨 있어 안 보이지만 줄을 잡아당기면 따라 올라오거든. 줄을 당기지 않으면 물속에 그대로 있는 것이고.

낚시 추도 마찬가지야. 추가 물속에 잠겨 있어 안 보이지만 줄을 잡아당기면 따라 올라오고, 줄을 당기지 않으면 그대로 있지.

죄업도 이와 같은 거야. 뉘우쳐 잠재우면 활동하지 않지만, 다시 죄업을 지으면 과거의 죄업까지 들춰져 함께 활동하는 거야.

원효대사는 이 죄업罪業을 시간과 공간으로 나누어 설명해.

가령 어떤 사람이 죄업을 지었다고 하자. 그러나 이 죄업은 시간적으로는 이미 없어졌어. 시간이 흘렀기 때문이지. 그러나 공간적으로는 남아 있어. 죄업을 지은 사실은 남아 있기 때문이지. 따라서 이 공간적으로 남아 있는 사실마저 없애야 해. 그 방법이 바로 뉘우침이야.

어쨌든 죄업은 대단히 무서운 거야. 죄는 짓지 말아야 해. 그리고 죄를 지었다면 반드시 뉘우쳐야지. 그리고는 다시는 짓지 않아야 하지."

"만약 뉘우치지 않고 그냥 두면 어떻게 됩니까."

"그러면 죄업을 안고 가는 거야. 다음 생애에 바로 문제가 되지."

신에 호소

"신神에게 매달리면 신이 다 해결해 준다는데요."

"신이 뭔가?"

"하느님, 한울님, 하나님, 천주님, 부처님, 옥황상제님, 알라신 같은 분이겠지요."

"그런 신이 죄를 다 없애 준다고?"

"예."

"물론 부처 법에도 부처에게 매달리라는 말은 있네. 그러면 부처가 다 해결해 준다고.

그러나 이것은 어디까지나 방편方便으로 한 말일세. 예를 들어 죽음이 임박한 사람은 뉘우칠 시간조차 없으니, 죽기 전에 마지막으로 부처님 이름이라도 한 번 불러보라고 하는 식이지. 안 하는 것보다는 낫지 않겠나.

그런데 실은 이 점에 대해서는 나도 잘 모르겠네. 신이 이미 지은 죄를 다 없애 주는 건지, 또 억울하다고 하소연하는 피해자의 호소를 뿌리치고 자기에게 매달리는 가해자만을 특별히 감싸주는 건지를 말이야.

　　그리고, 부처님은 신이 아닐세. 그는 스승(師)일 뿐일세. 자기가 지은 업보를 스스로 벗어나는 방법을 가르쳐주신. 나아가, 그 진리를 깨치려면 어떻게 수행해야 하는지를 가르쳐주신.”

일체개공

일체개공一切皆空

"고대 인도에 석가모니라는 분이 계셨어. 석가 종족의 어른이란 뜻이야.

이분은 어떻게 하면 윤회를 근본적으로 벗어날 수 있을까를 고뇌했었지. 물론 '잠긴 가리새'(아라야식)가 윤회의 본질임은 알았으나, 이것만으로는 만족할 수가 없었어. 잠긴 가리새가 무엇인가를 알아보고 싶었거든.

그래서 '잠긴 가리새'를 깨트려 보기로 했어. 목숨을 건 수행이 계속되었지. 그리하여 그는 결국 잠긴 가리새가 끝이 아님을 알았어. 더 근본적인 것이 있음을 안 것이지. 곧 잠긴 가리새에 무엇인가가 잠겨 있음을 안 것이야. 그래서 그것을 '여래 세계'(여래장)라 이름 붙였어.

그런데 여기서 그치지 않았어. 이번에는 '여래 세계'(여래장)를 깨트려 보았어. 그랬더니 여래 세계에 또다시 '참된 것'(진여)이 잠겨 있는 거야.

물론 여기서도 그치지 않았지. 이번에는 '참된 것'을 깨트려 봤으니까. 그랬더니 참된 것 더 이상은 없어. 왜냐? 이것의 본질은 '텅 빈 것'(공)이니까.

이는 곧 마음의 본질이 '텅 빈 것'(空)임을 뜻해. 나아가 일체 삼라만상(色)의 본질도 '텅 빈 것'임을 뜻하고. 마음의 본질이 '텅 빈 것'이니, 그것보다 더 거친 세상 만물(색)도 당연히 '텅 빈 것'이 아니겠어? 그래서 그는 소리쳤지.

'일체 모든 것이 다 텅 비었다.(一切皆空)'"

한마음 (一心)

"이제 위의 이야기를 거꾸로 말해보겠네.

본디 '텅 비었어'(空). 이 '텅 빈 것'은 말 그대로 모든 것이 다 텅 빈 것이야. 일체의 움직임을 떠났다는 말이지.

그러다가 이 '텅 빈 것'(공)이 처음으로 아주 조금 움직이는 거야.

이것을 일단 '참된 것'(眞如)이라 이름 붙였지. 이 '참된 것'은 '텅 빈 것'이 처음으로 아주 조금 움직인 것이기 때문에 순수하고 깨끗한 것뿐이야. 어떤 나쁜 것도 포함되지 않아.

이 '참된 것'(진여)을 '참된 것 그대로', '있는 그대로', '참 진리', '참 마음' 등등으로 옮기지. 모두 변하지 않은 본연의 상태를 뜻해. 여기서는 일단 '참된 것'이라 이름했어.

다음에는 이 참된 것이 조금 더 움직이지. 아무리 순수하더라도 조금 더 움직이다 보면 나쁜 것이 아주 조금이나마 포함되지 않겠어? 조금이라도 더 움직이는데 순수할 수만은 없잖아. 하지만 좋은 것이 훨씬 더 많아. 나쁜 것은 거의 드러나지 않지. 숨어만 있어. 이 상태를 '여래 세계' 또는 '여래 될 바탕'(如來藏)이라 하는 거야.

'여래 세계'는 여래如來를 기준해서 한 말이고, '여래 될 바탕'은 나를 기준해서 한 말이지. 여래를 기준하면 여래가 이룩한 세계라는 뜻이고, 나를 기준하면 그 세계에 들어갈 자질을 갖춘 나라는 뜻이야.

다음에는 '여래 될 바탕'(여래 세계)이 점점 더 움직이는 거야. 그러다 보면 이제는 나쁜 것도 고개를 들고서 자기의 존재를 은근히 밝히겠지. 이 상태가 바로 앞서 말한 '잠긴 가리새'(阿羅耶識)야.

잠긴 가리새가 이미 자기의 존재를 밝혔다면, 나쁜 것이 잠자코 있을 수만 있겠나. 곧 이제는 나쁜 것도 자신 있게 자기 모습을 나타내지. 이 상태가 '따짐 가리새'(末那識)야.

그리고 더 나아가면 나쁜 것과 좋은 것이 대등한 입장에서 공공
연연하게 쟁탈전을 벌리는데 이 상태가 '뜻할 가리새'(意識)야. 이
'뜻할 가리새'를 우리는 흔히 생각이라 부르지."

할아버지는 사람들에게 정리할 시간을 주려는 듯 잠시 쉬었다
가 다시 말하였다.

"위에서 참된 것(진여)이다, 여래 될 바탕(여래장)이다, 잠긴 가리
새(아라야식)다, 따짐 가리새(말나식)다, 뜻할 가리새(의식)다 하면
서 제법 복잡하게 이야기했지만, 결국 이것들은 한마음(일심)일 뿐
이야.

한마음을 움직임의 정도에 따라서, 달리 말하면 물든 정도에 따
라서 구분한 것뿐이야. 당연히 이 구분은 상대적인 것이지 절대적
인 것이 못 돼. 정도의 차이란 말이지.

나아가 한마음의 본질이 '텅 빈 것'(空) 아니겠어. 한마음이 본디
텅 빈 것이니, 이것을 구분한 것이 뭐가 있겠나. 당연히 텅 빈 것들
이지. 따라서 위에 말한 모든 것들도 본질은 텅 빈 것이야. 본디 텅
빈 것을 쓸데없이 구분해서 이름을 붙인 것뿐이니까."

*한마음(一心)
　마음의 본질 : 공
　마음의 변전 : 공 > 진여 > 여래장 > 아라야식 > 말나식 > 의식

비일비이非一非異

"자, 이제 이것들이 상대적인 구분임을 다시 한번 살펴보겠네.

먼저 맨 처음의 '텅 빈 것'(공)과 이것이 아주 조금 움직인 것인 '참된 것'(진여)을 살펴보기로 하겠네. 곧 서로 인접한 두 가지를 살펴본다는 것이야. 이 두 가지는 어떤 관계일까? 다른 것일까, 같은 것일까?

만약 다르다고 한다면 이렇게 말하게 되지.

'텅 빈 것(공)이 변해서 참된 것(진여)이 된 것이니, 본디 같은 몸체이다. 따라서 다른 것이 아니다.'

그래도 다르다고 우긴다면 이번에는 이렇게 말하게 되지.

'텅 빈 것은 어디로 갔고, 참된 것은 어디서 왔는가?

비유하면 어린아이가 커서 어른이 된 것과 같다. 이 두 사람은 다르다고 할 수 없다. 이것은 구태여 설명할 필요가 없다. 따라서 텅 빈 것(공)과 참된 것(진여)은 다른 것이 아니다.'

그렇다면 같은 것인가? 그러면 이렇게 말하게 되지.

'비록 텅 빈 것(공)이 변해서 참된 것(진여)이 되었다 하더라도, 본디부터 텅 빈 것(공)과 아주 조금이라도 움직인 것(진여)은 분명히 다르다.

비유하면 어린아이가 커서 어른이 된 것과 같다. 이 두 사람은 같다고 할 수 없다. 이것은 구태여 설명할 필요가 없다. 따라서 텅

빈 것과 참된 것은 같은 것이 아니다.'

　그러면 이제 이 두 가지를 어떻게 아우를까.

　'비연비불연非然非不然, 즉 그렇다고도 할 수 없고 그렇지 않다고
도 할 수 없다'라고 하거나 또는 '그런 것도 아니고 그렇지 않은 것
도 아니다'라고 하면 되지.

　달리 말하여 '비일비이非一非異, 즉 같다고도 할 수 없고 다르다
고도 할 수 없다' 혹은 '같은 것도 아니고 다른 것도 아니다'라고 하
든지.

　위에서는 비록 '텅 빈 것'과 '참된 것'을 예를 들었지만, 뒤의 모
든 것들도 모두 이와 같은 상태에 있어. 참된 것(진여)과 여래 될
바탕(여래장), 여래 될 바탕과 잠긴 가리새(아라야식), 잠긴 가리새
와 따짐 가리새(말나식) 등등이.

　따라서 '같은 것도 아니고 다른 것도 아니다'(非一非異)라는 말이
두 가지를 연결하는 고리야. 나아가 모든 이론들을 이해하는 실마
리이고."

공즉시색 색즉시공

　"흔히 공즉시색 색즉시공空即是色 色即是空이란 말을 써. 곧 '빈
것이 빛깔이고, 빛깔이 빈 것이다'라는 뜻이지.

여기의 빛깔이란 최초의 물질을 뜻해. 곧 '텅 빈 것'(공)이 발전하여 최초의 물질(색)이 된 것을 뜻하지.

그런데 만약 공空과 색色이 정말로 똑같다면 공즉시색色即是空이라고 하든지 색즉시공空即是色이라고 해서 한 번만 말할 것이지, 왜 구태여 공즉시색 색즉시공이라고 하여 똑같은 뜻을 반복했을까.

이는 사실은 똑같지 않다는 뜻이야. 비록 똑같다고 말은 했으나, 실제로는 똑같다고 할 수 없다는 뜻이지. 또 어느 것이 먼저냐 하는 것도 없다는 뜻이야. 공空에서 시작해도 색色으로 가고, 색에서 시작해도 공으로 간다는 뜻이지. 그래서 한 번은 공에서 시작했고 한 번은 색에서 시작한 거야.

이 말을 간단히 하면, 바로 위에서 말한 비일비이非一非異야. 곧 '같은 것도 아니고 다른 것도 아니다'(非一非異)라는 말이 되지.

이 말을 더 간단히 하면 원융圓融이야. 곧 '둥그스레하다'라고 말할 수 있지. 둥그스레하다는 것은 여러 가지가 어우러져 구분이 되지 않고 두루뭉수리하게 뭉쳐 있다는 이야기야.

이 말을 더 간단히 하면 제齊야. 곧 '가지런하다'라고 말할 수 있지. 가지런하다는 것은 하나라고도 말할 수 없고, 둘이라고도 말할 수 없는 상태를 말해. 마치 젓가락 2개가 붙어 있는 것과 같아. 젓가락 2개가 나란히 붙어 있다면 하나라고도 말할 수 없고 둘이라고도 말할 수가 없거든.

따라서 위에서 말한 공즉시색 색즉시공, 비일비이非一非異, 원융

圓融, 제齊는 모두 같은 뜻이야."

무명

"앞에서 '텅 빈 것'(空)이 최초로 아주 조금 움직인 것을 '참된 것' (眞如)이라 했지?

그런데 만약 텅 빈 것(공)이 애초부터 움직이지 않았다면 어떻게 되었을까? 당연히 참된 것(진여)이 생겨나지 않았겠지.

또 만약 참된 것(진여)이 생겨나지 않았다면 어떻게 되었을까? 그 이후의 어떤 변화도 생겨나지 않았겠지.

또 만약 그 이후의 어떤 변화도 생겨나지 않았다면 어떻게 되었을까? 그 무엇도 생겨나지 않았겠지.

곧 우주가 생겨나는 것도 없었을 것이고, 만물이 생겨나는 것도 없었을 것이며, 생명체가 생겨나는 것도 없었을 것이고, 나아가 우리 같은 인간이 생겨나는 것도 없었을 것이야.

인간이 생겨나지 않았다면 어떻게 되었을까? 생사니 번뇌니 인연이니 윤회니 하는 것이 없었을 것이고, 수행이니 해탈이니 깨침이니 부처니 하는 것도 없었을 테지.

결국 애초에 최초로 움직임이 있었기 때문에 이러한 현상이 일어난 것이야. 이는 곧 최초로 움직이게 한 놈이 있었다는 이야기지.

그렇다면 최초로 움직이게 한 놈, 이놈이 무엇일까? 불행히도 이놈을 알 수가 없는 거야. 무엇인가가 분명히 있기는 한데 밝힐 수가 없는 거야.

그래서 이놈을 일단 무명無明이라 이름했지. 뜻은 '알 수 없는 것', '밝힐 수 없는 것', 나아가 '밝지 못한 것'이야.

이놈이 밝았거나 똑똑했다면 애초부터 움직이지 않았을 것이고, 만약 애초부터 움직이지 않았다면 그 후로는 어떤 것도 생기지 않았을 것이기 때문이야. 우주도 인간도……

이놈이 밝지 못하고 똑똑하지 못해서 움직였기 때문에, 그 이후로 온갖 것들이 생겨나고 온갖 문제들이 생겨난 거야. 우주와 인간에서.

따라서 이제 생각해 보니, 모든 것이 이 '밝지 못한 것'(무명) 때문이야. 당연히 이놈을 기준해서 다시 분류해 볼 필요가 있지.

'밝지 못한 것'(무명), 이놈의 이름조차도 없는 것이 '텅 빈 것'(공)이고,

이놈의 이름은 있으나 전혀 드러나지 않는 것이 '참된 것'(진여)이며,

이놈이 낌새를 보이는 것이 '여래 될 바탕'(여래장)이고,

이놈이 속에서 농간을 부리는 것이 '잠긴 가리새'(아라야식)이며,

이놈이 겉으로 슬그머니 나타나 활동하는 것이 '따짐 가리새'(말나식)이고,

이놈이 제 세상인 양 미쳐 날뛰는 것이 '뜻할 가리새'(의식)야."

무명풍 無明風

"밝지 못한 것(無明)을 이해하기 힘들기 때문에, 흔히 비유를 써서 설명해.

곧 '밝지 못한 것'을 바람(風)에 비유하는 거야. 원래 바람이란 것이 없다가도 문득 생기고, 있다가도 문득 없어지는 것이거든. 종잡을 수가 없다는 뜻이지. 알기가 무척 힘들다는 뜻이기도 하고.

'밝지 못한 것'(무명)도 이와 같아. 따라서 무명풍無明風이라 해. 밝지 못한 바람이라고나 할까.

이제 고요한 바다(海)에 바람(風)이 불어서 물결(浪)이 이는 것과, 고요한 마음(心)에 밝지 못한 것(無明)이 불어서 가리새(識)가 이는 것을 비교해 보겠네.

본디 고요한 바다에 바람이 불어. 그러면 물결이 일지. 그리고 변해 나가는 거야. 잔잔한 물결에서 거센 물결로, 그리고 아주 거친 물결로.

이때 바람이 그치면 어떻게 될까. 당연히 물결도 그치겠지.

그러면 물결의 실체가 있을까? 없지. 결국 물이니까. 그리고 이 물은 고요한 바다에 속하는 것이니까. 결국 물결은 실체가 없는 헛

것이야.

만약 애초부터 바람이 없었다면 어떻게 될까? 당연히 물결이라는 것이 없었겠지. 고요한 바다뿐. 아무 일도 일어나지 않았을 거야.

그러면 바람(風)은 어디서 왔을까? 알 수가 없어. 추상적으로 말해 놓아서.

우리 마음도 이와 같아.

본디 고요한 마음(心)에 밝지 못한 것(無明)이 불어. 그러면 가리새(識)가 일지. 그래서 변해 나가는 거야. 잔잔한 가리새에서 거센 가리새로, 그리고 아주 거친 가리새로.

이때 무명이 그치면 어떻게 될까? 당연히 가리새도 그치지.

그러면 가리새의 실체가 있을까? 없지. 결국 마음이니까. 그리고 이 마음은 본디의 마음에 속하는 것이니까. 가리새는 결국 실체가 없는 헛것이야.

만약 애초부터 무명이 없었다면 어떻게 될까? 애초부터 가리새라는 것이 없었겠지. 고요한 마음뿐. 그러면 아무 일도 일어나지 않았겠지.

그러면 무명無明은 어디서 왔을까? 알 수가 없어. 보통 사람으로서는.

그래서 원효대사는 말했어.

'무명의 움직임은 아주 깊고 아주 묘해서 오직 부처만이 끝을 알

수 있다.(無明行相 甚深微密 唯佛所窮)'

보통사람으로서는 알 수가 없다는 뜻이야. 다 알겠지만 바다는
마음이고, 바람은 무명이며, 물결은 가리새지. 그리고 잔잔한 가리
새가 잠긴 가리새이고, 거센 가리새가 따짐 가리새이며, 아주 거친
가리새가 뜻할 가리새야. 이것들은 모두 실체가 없다는 말이지."

모두 변함

할아버지는 쉬지도 않고 마치 신들린 사람처럼 쏟아냈다. 모두
들 할아버지의 말에 깊이 빠져 있는 모습이, 마치 모든 것이 정지
되어 있는 것처럼 느껴졌다.

"애초부터 '밝지 못한 것'(무명)이 있으니 어떻게 될까. 모든 것이
변해. 도대체 변하지 않는 것이 없어. 모든 것은 생겨났다, 유지되
었다, 무너졌다, 없어졌다 해. 이를 성주괴공成住壞空이라 하는데,
이렇게 되지 않는 것은 없어.

나도 변하고, 너도 변하며, 별도 변하고, 우주도 변해.

나도 젊었는데 어느 사이엔가 늙었고, 너도 젊었는데 어느 사이
엔가 늙었어.

별도 빛났는데 어느 사이엔가 사라졌고, 우주도 빛났는데 어느

사이엔가 없어졌어.

모든 것이 잠시도 가만히 있지 않아. 어느 한 순간도 가만히 있지 않아. 찰나찰나 변해. 찰나찰나 변하다 보니 변하지 않는 본질本質이란 것은 없는 거야.

나를 예로 들어보면 더욱 그래. 나란 이것저것이 잠시 어우러져 모여 있는 것일 뿐이거든. 내 마음은 온갖 잡다한 생각들이 모여졌다 흩어졌다 하는 것일 뿐이고, 내 몸은 온갖 잡다한 원소들이 모여졌다 흩어졌다 하는 것일 뿐이야.

따라서 마음은 시도 때도 없이 변해. 어느 잠시도 가만히 있지 않아. 돌아보면 마음이 달라졌고 다시 돌아보면 마음이 또 달라졌어.

몸도 마찬가지야. 시도 때도 없이 변해. 어느 잠시도 가만히 있지 않아. 돌아보면 늙었고 돌아보면 늙었어.

모두가 다 헛것이고 허깨비지. 변하지 않는 영원불변한 본질이란 것이 없으니까."

나의 본질은 공

"그래서 변하지 않는 나의 본질을 찾아보기로 했지. 몸과 마음을 살펴서.

먼저 몸(身)에서 찾았어. 내 몸을 이루고 있는 원소들을 깨트려 보았지. 그리고는 그 깨트려진 원소를 또 깨트리고 또 깨트리고 또 깨트렸어. 이렇게 한 없이 깨트렸지. 그랬더니 내 몸의 본질이 나타나는 거야. 바로 '텅 빈 것'(공)이야.

이번에는 마음(心)에서 찾았어. 뜻할 가리새(의식)를 깨트리고, 따짐 가리새(말나식)를 깨트리고, 잠긴 가리새(아라야식)를 깨트리고, 여래 될 바탕(여래장)을 깨트리고, 참된 것(진여)을 깨트리고 나니, 내 마음의 본질이 나타나는 거야. 바로 텅 빈 것(공)이야.

이제 보니 '텅 빈 것', 이것이 나의 본성이야.

나아가 '텅 빈 것', 이것이 우주의 본성이야. 그래서 석가는 소리쳤지.

'일체 모든 것이 다 텅 비었다.(一切皆空)'

일단 '텅 빈 것'에 이르고 나니 어떤가?

일체 모든 것이 다 고요해. 일체 삼라만상이 모두 다 헛것이고 한바탕 꿈이야. 그리고 한량없는 시간도 한 생각일 뿐이야."

한 생각뿐

"우주가 본디 '텅 빈 것'(공)에서 생겨나, 수백 수천 억겁을 돌고

돌다가, 다시 본디의 텅 빈 것으로 되돌아왔다면, 그 사이 수백 수천 억겁의 시간이 흐른 것일까, 한 순간도 흐르지 않은 것일까?

수백 수천 억겁億劫이 한 순간일 뿐이고, 한 순간이 수백 수천 억겁일 뿐이야. 한량없는 시간(無量劫)이 한 생각(一念)일 뿐이고, 한 생각이 한량없는 시간일 뿐이지. 돌고 돌다가 결국 제자리에 돌아온 것일 뿐이니까.

사람도 마찬가지야. 사람이 본디 텅 빈 것(공)에서 생겨나, 백년을 허둥대며 살다가 늙어 죽어서, 다시 텅 비어진다면, 그 사이 백년의 세월이 흐른 것일까, 한 순간도 흐르지 않은 것일까?

백년이 한 순간일 뿐이고, 한 순간이 백년일 뿐이야. 백년이 한 생각일 뿐이고, 한 생각이 백년일 뿐이지. 한 바탕 헤매다가 결국 제자리에 돌아온 것일 뿐이니까.

따라서 이 사이에 있었던 일체 모든 것들은 모두 다 헛것이고 한바탕 꿈이지."

무명의 화려함

"허무하네요."

순간 누군가가 긴 잠에서 깨어난 듯 혼잣말처럼 중얼거렸다.

"허허. 허무하지. 그러나 허무하다고만 할 수 없어. 허무함 속에 영원함이 있으니까. 허무하다는 것은 바깥의 변하는 것(變)만을 본 것이고, 그 속의 변하지 않는 것(不變)을 보지 못한 것이니까. 변하는 것은 허무하나, 변하지 않는 것은 영원하거든."

"이상하네요. 그런데도 왜 사람들이 영원함을 쫓지 않고, 허무함을 쫓는지요."

"바로 변하는 것(變)의 화려함 때문이고 변하지 않는 것(不變)의 담백함 때문이야. 다시 말하면 '밝지 못한 것'(無明)의 화려함 때문이고 '텅 빈 것'(空)의 담백함 때문이지.

'밝지 못한 것'(무명)의 화려함이 무엇인가. 돋아나는 새싹이고 녹음방초이며, 생기발랄한 청춘이고 성숙한 어른이지. '텅 빈 것'(공)의 담백함이 무엇인가. 맑고 깨끗하며 냄새도 없고 맛도 없는 것이지. 무미건조하다고 할까. 이것 때문에 사람들이 영원함을 찾지 않고 쉽게 화려함만 찾는다네."

"무슨 말씀이신지……"

사람들이 의아해하자 할아버지가 말했다.

"밝지 못한 것(무명)은 화려해. 자연으로 치면 봄에 돋아나는 새싹과 같고, 여름의 녹음방초와 같으며, 가을의 화려한 단풍과 같지. 어찌 아름답지 않겠는가.

사람으로 치면 생기발랄한 청춘과 같고, 성숙한 어른과 같으며, 노년의 원숙함과 같지. 어찌 아름답지 않겠는가.

그러나 사람들은 '밝지 못한 것'(무명)의 서글픔은 알지 못하지.

공空	불변不變	영원永遠	담백淡白
무명無明	변함變	허무虛無	화려華麗함과 서글픔

겨울이 오면 낙엽이 떨어지는 쓸쓸한 나뭇가지와 삭풍이 부는 황량한 겨울 숲의 서글픔을. 늙으면 병들어 신음하다 죽어가는 노인의 서글픔을.

밝지 못한 것은 이와 같이 두 가지 면을 가지고 있다네. 그러나 사람들은 화려함만 보고 서글픔은 보려고 하지 않지. 그래서 영원함을 쫓지 않고 허무함을 쫓아다니는 거라네."

잠시 할아버지가 혼자서 흥얼거렸다.

무명

무명의 화려함이여.

무명의 장엄함이여.

무명의 쓸쓸함이여.

무명의 서글픔이여.

무명, 그대는 어디서 왔는가.

온 곳을 밝혀라.

무명, 그대는 누구인가.

실체를 밝혀라.

전도몽상

"사람들이 화려함(무명)을 찾다보니 모든 것을 거꾸로 생각해. 화려함이 전부이고 영원이며, 서글픔은 일부이고 찰나라고.

더욱이 텅 빈 것(공)에 대해서는 알려고도 하지 않지. 오직 화려함에 취해 화려함만 쫓아서 일생을 헤매고 다니지. 그리고는 수행이니 깨침이니 천당이니 극락이니 하는 것을 모조리 잊어버려. 오직 지금의 현실에만 잡착해서 화려함을 찾아 부나비처럼 쏘다니지. 이를 전도몽상顚倒夢想이라 해. 화려함과 담백함, 찰나와 영원을 꿈꾸듯 뒤바꾸어 생각하는 것이라고.

그러나 이 정도에서 그치면 그나마 다행이야. 이번에는 윤회니 업보니 축생이니 지옥이니 하는 것에 대해서는 까맣게 잊어먹어. 마치 우주 삼라만상이 영원히 지속되고, 나도 영원히 살 것처럼. 그리고는 갖가지 업을 짓는 거야. 속이고 훔치며, 음란하고 간음하며, 심지어 해치고 죽이면서. 그리고는 삼악도三惡道 문지방을 연방 넘나들지.

이를 멀리서 보면 어찌 불타는 집에 연방 들락거리며 살을 태우는 고통 속에서 사는 것이 아니겠나. 어찌 불쌍하지 않겠나."

동체대비

"이에 부처님께서 자비의 손길을 내미는 거야. 자신의 몸 같이
생각해서, 아무 연고 없이, 아무 조건 없이.

마치 어린아이가 마루에서 떨어지려 할 때 붙잡는 것과 같고, 사
람이 절벽에서 떨어지려 할 때 붙잡는 것과 같아.

아무것도 모르는 어린아이가 마룻바닥을 기어가다 마당으로 떨
어지려 한다면, 그것을 보고도 안 잡는 사람이 있겠어? 다 잡을 거
야. 그리고 거기에 무슨 조건이 있어. 없지. 그냥 잡지.

사람이 절벽에서 떨어지려 한다면, 그것을 보고도 안 잡는 사람
이 있겠어? 다 잡을 거야. 그리고 거기에 무슨 조건이 있어. 없지.
그냥 잡지.

부처도 마찬가지야.

어떤 사람이 아무것도 모르고 이 다음 생애에 축생으로 떨어지
려 한다면, 그것을 보고도 안 잡겠어? 당연히 잡겠지. 그리고 거기
에 무슨 조건이 있어. 없지. 그냥 잡는 거야.

어떤 사람이 아무것도 모르고 이 다음 생애에 지옥으로 떨어지
려 한다면, 그것을 보고도 안 잡겠어. 당연히 잡겠지. 그리고 거기

에 무슨 조건이 있어. 없지. 그냥 잡는 거야.

이를 동체대비同體大悲 무연자비無緣慈悲 대자대비大慈大悲라 해. 한 몸과 같은 자비, 아무 조건 없는 자비, 크고 큰 자비란 뜻이지.

우리는 우리 눈에 보이는 것만 보지만, 부처는 우리 눈에 보이지 않는 것도 봐. 우리는 육신의 눈(肉眼)으로만 보지만, 부처는 마음의 눈(心眼)으로도 보기 때문이지.

구태여 따진다면 한 몸 되는 자비, 그것은 왜 그럴까.

본바탕에 이르면 모두 텅 비어서 모두가 똑같기 때문이야. 너의 본바탕도 텅 빈 것이고, 나의 본바탕도 텅 빈 것이어서, 결국 너와 나의 본바탕이 똑같기 때문이지.

또 너와 나는 갖가지 원소들로 잠시 어우러진 것일 뿐이야. 만약 너와 내가 죽어서 너와 나의 원소들이 서로 흩어진다면 다음에는 너와 나의 원소들이 서로 만날 수도 있어. 그러니 어찌 너와 내가 다르다고 할 수 있겠나.

모두가 함께 텅 빈 것인데 그것이 물들기 시작해서는 너다 나다 하면서 수만 수억 갈래로 나뉘진 것뿐이야. 그리고서는 너와 내가 남남으로 아무 관계도 없는 것처럼 생각하고 남남으로 행동하는 거야. 그러면서 서로 속이고 싸우며, 심지어 해치고 죽이는 것이지. 이는 나와 너의 본바탕이 서로 같고, 너와 나의 몸도 서로 같음을 모르기 때문이야.

따라서 남을 속이는 것은 결국 나를 속이는 것이고, 남을 해치는 것은 결국 나를 해치는 것이며, 남을 죽이는 것은 결국 나를 죽이는 것이야.

석가모니는 오래 전에 이미 이와 같은 사실을 깨닫고서, 한 몸이라는 자비를 강조하셨지."

제행무상 諸行無常

"하지만 석가가 이와 같은 사실을 단번에 깨치신 것은 아니야.

과거 이루 말할 수 없는 생애를 반복해 오다가 드디어 지금 생애에서 깨치신 것이야. 따라서 과거 생애에서는 석가도 엄청난 고통을 겪었지. 그는 심지어 짐승으로 태어나기도 했고, 지금 생각하면 별것 아닌 말 한마디를 듣기 위해 몸을 던지기도 했어.

과거 어떤 생애에서 석가는 누른빛이 도는 거타라는 멋진 짐승으로 태어났지. 그러자 그 나라의 임금이 이 짐승을 잡고자 했어. 임금의 이름은 범마달인데 제바달다의 전신이야. 제바달다가 누구냐고? 석가의 4촌 아우로, 언제나 석가에 맞선 사람이지. 그러다가 결국 자살했지만.

그런데 임금이 아무리 포수를 다그쳐도 거타를 잡지 못하는 거야. 그러자 범마달이 포수에게 명령했지. 기한 내에 잡지 못하면 처형한다고. 이 소식을 들은 거타는 스스로 잡혀주었어. 포수의 목숨을 구해준 것이지.

또 과거 어떤 생애에서는, 석가가 수행을 하고 있는데 사람을 잡아먹는 나찰羅刹이라는 귀신이 혼잣말처럼 중얼거리며 지나가는 거야.

'모든 것은 변하지. 이것이 나고 죽는 법이거든.(諸行無常 是生滅法)'

이 말을 들은 석가는 깜짝 놀라 그 나찰을 쫓아갔어. 그리고는 물었지.

'그 말이 전부입니까?'

나찰이 말했어.

'아니야, 뒤에 반 구절이 더 있지.'

'뒤의 구절도 마저 들려주십시오.'

나찰이 말했어.

'공짜로는 안 돼.'

'그럼 어떻게 하면 됩니까?'

'그대 몸뚱이를 내게 주면 되지.'

'제 몸뚱이를요?'

'그래.'

석가는 잠시 망설였어. 그리고 결심했어.

'뒤의 구절을 마저 듣고 나면 제 몸을 드리지요.'

그러자 나찰이 뒤의 반 구절을 들려주었어. 이른바 나찰반구羅
利半句야.

'나고 죽음을 없애고 나면, 그윽이 없어져 즐겁게 된다.'
(生滅滅而 寂滅爲樂)

이 말을 듣고 난 석가는 바위 위로 올라가 약속대로 몸을 던졌
어. 다행히 천신天神이 석가를 안전하게 받았지.

이처럼 석가가 부처가 된 것은 그냥 저절로 된 것이 아니야. 과
거 무수한 생애에서 수많은 고통을 겪고 힘든 수행을 거쳐서 부처
가 된 것이지.

곧 모든 것은 나고 죽으며, 그 나고 죽음을 뛰어넘으면 텅 비게
되고, 그 텅 빈 것이 참된 즐거움임을 깨친 다음에야 부처가 된 것
이야."

일음원음一音圓音

"이와 같이 석가는 지난날 과거 무수한 생애에서 무수한 수행을
겪고서 부처가 되었기 때문에, 그가 한마디 하는 말씀은 모든 세계
와 모든 세상의 모든 부처와 모든 중생이 두루 다 듣는 거야.

무수한 생애生涯란 지난날 수 없이 많은 윤회를 겪었다는 이야기고, 무수한 수행이란 그 와중에서 온갖 시련을 다 겪고 온갖 수행을 다 했다는 이야기야.

모든 세계世界란 부처, 보살, 연각, 성문, 천, 인, 수라, 축생, 아귀, 지옥의 10계(界)를 말하고, 모든 세상世上이란 과거, 현재, 미래의 3세(世) 등 계속 이어지는 세상을 말하지. 세계는 공간적 개념이고, 세상은 시간적 개념이야.

따라서 석가가 한마디 하는 말씀은 모든 세계와 모든 세상의 모든 부처와 모든 중생들이 두루 다 듣는 거야. 지옥에서 천당까지, 마귀에서 부처까지…….

이를 일음원음一音圓音이라 해. 우리말로는 '한 소리 둥근 소리'라 할까. 한 소리(一音)란 부처가 한 번 하시는 말씀이란 뜻이고, 둥근 소리(圓音)란 한 번 하신 그 말씀이 모든 곳 모든 것에 두루 다 들린다는 뜻이야."

유일대사唯一大事

"석가와 같은 부처가 인간 세상에 오시기는 참으로 힘든 일이지. 명예나 이익을 위해서가 아니기 때문이야. 그리고 일단 오시면 우리 인간들처럼 생로병사生老病死의 고통을 다 겪어야 하기 때문이지.

왜 명예를 위해서가 아닌가? 이미 모든 명예를 다 얻었기 때문이야. 중생들이 가장 원하는 깨침을 얻어서 이미 존경을 받고 있으니까. 그 이상의 명예는 없거든.

왜 이익을 위해서가 아닌가? 이 세상에서의 이익은 물론 저 세상에서의 이익도 보장 받았기 때문이야. 다음 세상에는 자기 마음대로 천당이나 극락에 갈 수 있으니까. 천당과 극락의 복덕 그 이상의 이익은 없거든.

왜 우리 인간들처럼 생로병사의 고통을 다 겪을까? '밝지 못한 것'(무명)을 타고 오기 때문이야. '텅 빈 것'(공)에 계시기만 하면 올 수가 없으니까. 텅 빈 것은 담백하고 고요하지만, 밝지 못한 것은 화려하나 고통스럽거든.

그럼에도 불구하고 인간 세상에 오시는 거야. 왜 오실까? 오직 한 가지 이유 때문이지. 인간을 구하겠다는 것. 그러니 그 일이 크지 않을 수 있나. 따라서 이 일을 오직 하나의 큰 일(唯一大事)이라 하지.

비유를 해보겠네.

부족함이 없는 부자가 있다고 하지. 만약 그가 아주 가난한 동네에 가서 산다면, 명예나 이익을 위해서 그런 것일까. 아닐 걸세. 가난한 사람들을 도와주기 위해서일 걸세.

왜냐? 일단 가난한 동네에 간 이상 가난한 사람들이 겪는 고통을 똑같이 겪어야 하니까. 명예나 이익을 바란다면 누가 감히 가겠나.

이와 같이 부처가 우리 인간 세상에 오시는 것은 여간 어려운 일이 아니야."

석가의 죽음

"석가의 죽음을 보면 더욱 그러함을 알 수 있지.

석가는 우리가 흔히 생각하듯이 편안히 죽은 것이 아니야. 고통 속에서 죽었지. 고귀하게 죽었는지는 몰라도 멋있게(?) 죽은 것은 아니야. 적어도 우리 수준의 생각으로 봐서는 말이야.

우리가 바라는 것은 아무런 육체적 고통도 없이, 모든 근심을 떨치고, 고요히 앉아서, 마치 살아 있는 사람처럼 죽는 것, 뭐 그런 모습이 아니겠어.

그런데 정작 석가는 죽을 때 엄청난 고통을 겪었지. 독버섯을 먹고 극심한 고통에 시달리다가 돌아가신 것으로 추정되니까. 그가 독버섯을 먹은 까닭은 이러해.

석가는 깨친 후 곳곳을 돌아다니면서 설법을 했지. 곧 자기가 깨친 것을 사람들에게 들려준 거야. 석가의 말씀을 듣고 난 사람들은 감격했지. 평생 들어볼까 말까 하는 말씀을 들었으니까. 그러나 보답해 줄 수가 없는 거야. 왜냐? 석가는 말 그대로 집도 절도 없으니까.

원래 석가는 왕궁에서 왕자로 태어나 결혼하여 아들까지 낳았으나, 집을 나와 혼자 수행하다보니 왕궁도 떠나고 집도 떠나서 가족도 헤어지게 되었어.

또한 그는 평생을 나무 아래서 지냈어. 태어날 때는 무우수無憂樹 아래에서 태어났고, 수행은 염부수閻浮樹 아래에서 했으며, 깨칠 때는 보리수菩提樹 아래에서 깨쳤고, 설법은 녹야원鹿野苑 대나무 숲에서 했으며, 죽을 때는 사라수沙羅樹 아래에서 죽었거든.

물론 다른 사람이 지어준 절이 있기는 해. 죽림정사나 기원정사 같은. 하지만 그는 절에 머물러 있는 것을 좋아하지 않았어. 밖에서 지내기를 좋아했지. 결국 집도 절도 없는 거야. 집도 절도 없다 보니 돈도 필요 없고 재물도 필요 없지.

그런데 어떤 이가 이제 참으로 듣기 힘든 진리의 말씀을 들은 거야. 들은 사람은 당연히 무엇으로든지 보답하고 싶었을 거야. 그러면 무엇으로 보답할까. 바로 밥 한 끼 올리는 거야.

석가는 하루에 밥 한 끼만 잡수신 것으로 알려지고 있어. 따라서 그가 할 수 있는 최상의 보답은 밥 한 끼 올리는 것뿐이야. 이를 지심정례공양至心頂禮供養이라 해. 지극한 마음으로 밥 한 끼를 올린다는 뜻이지.

이때 준타라는 사람이 이 영광을 누리게 되었어. 따라서 나름대로 최고의 요리를 준비했지. 귀한 버섯으로 말이야. 그러나 불행히도 이것이 독버섯으로 추정돼. 이때부터 석가는 극심한 고통을 겪다가 결국은 돌아가시지. 나이 80세에.

석가가 극심하게 고통을 겪고 있을 때 수발타라는 사람이 설법을 들으러 왔어. 당연히 시중을 들고 있는 아난존자 등 제자들은 반대했지. 자기 스승이 위중하니 당연한 일 아니겠어. 그러나 석가는 그 와중에서도 그를 받아들여서 설법을 해. 이 사람이 최후의 제자가 되지.

이는 진리의 세계가 이와 같이 엄격하고 준엄함을 의미해. 죽음도 질문과 대답을 막지 못하니까.

또 석가는 죽기 전에 이런 말을 했어. 내가 평생 동안 먹은 음식 중 가장 맛있는 음식이 두 번 있었다. 한 번은 고행苦行을 버리고 산에서 내려올 때 수잣타라는 여인에게서 받아먹은 우유죽이고, 또 한 번은 이번에 준타가 만들어 준 버섯 요리이다.

이는 자기의 죽음에 대하여 그 누구도 이의를 제기하지 말라는 명령이야. 자칫하면 불미스런 일이 벌어질 수도 있거든. 자기 스승이 가장 맛있게 먹었다는데 누가 감히 이의를 제기하겠어. 실제로 석가가 열반하신 뒤 크게 불미스런 일은 일어나지 않았어.

그리고 석가는 돌아가시기 직전 내가 이제 갈 때가 되었다고 하면서 최후로 설법을 했지. 내용은 경전마다 다소 다르나 뜻은 같아.

'내가 죽으면 법法과 계율戒律을 스승으로 삼아라.

살아있는 자는 반드시 죽으니,

게으름을 피우지 말고 부지런히 노력해서,

수행을 완수하라.'

(法戒爲師 生者必滅 不怠精進 修行完成)

이는 모든 것이 과정임을 뜻해. 전부가 지나가는 것이란 말이지. 끝이다, 완성했다, 다 이루었다 하는 것은 있을 수 없다는 말이야. 따라서 그 과정 중에 꾸준히 수행할 수밖에 없지.

그런데 석가는 왜 그런 고통을 당하는 모습을 왜 감추지 않았을까. 얼마든지 감출 수 있었을 텐데 말이야. 80세 노인이 독버섯을 먹었다면, 설사도 심했을 것이고 몰골도 형편없었을 거야. 당시의 의학 수준으로 봐서 그렇지. 그런 모습을 보이면 다른 사람들이 손가락질을 했을 것이고, 잘못하면 자기 교단이 무너질 수도 있었을 텐데 말이야.

그러나 석가에게는 그런 것이 중요한 것이 아니었어. 그런 고통을 뛰어넘을 수 있는 길이 있음을 가르치는 것이 더 중요했지. 곧 생로병사를 뛰어넘어 해탈할 수 있는 길이 있음을 가르치는 것이 더 중요했던 거야.

무명無明을 타고 온 이상 생로병사를 피할 수 없으나 진여眞如를 타고 가면 생로병사를 피할 수 있음을 가르치는 것이 더 중요했다는 말이기도 하고.

그 외의 모든 것은 곁가지라는 말이야. 따라서 그는 이 모든 것을 있는 그대로 보여 준 거야. 하나의 숨김도 없이. 그래서 성인인 것이야."

유아독존 唯我獨尊

"석가는 태어나자마자 일곱 발자국을 걸어가며 말했어.

'하늘 위 하늘 아래에서 내가 가장 존귀하다.
3세계는 모두 괴로운 것, 내가 마땅히 편안하게 할 것이다.'

(天上天下 唯我獨尊 一切皆苦 我當安之)

오직 인간을 구제하기 위해서 고통스런 인간 세상에 온다는 것은 아무나 할 수 있는 일이 아니지. 석가와 같은 성인만이 할 수 있는 일이야. 따라서 책임감과 긍지를 동시에 가지지 않을 수가 없어. 그러니 자기가 가장 존귀할 수밖에 없지.

예수는 동정녀 성모 마리아에게서 독생자 獨生子로 태어났어. 일반 사람과 다르게 태어난 것이지. 당연히 책임감과 긍지가 없을 수가 없어. 그런 생각 없이 어떻게 인류를 구하겠나.

태어나자마자 일곱 발자국을 걸어갔다든지, 아버지 없이 독생자로 태어났다든지 하는 것은 우리의 능력을 넘어서는 문제들이야.

어쩌면 그런 것이 중요한 것이 아니라 그들의 정신, 곧 인간을 구하겠다는 것, 그리고 그것은 쉬운 일이 아니며 내가 아니면 할 사람이 없다는 것, 이런 생각이 중요한 것이 아닐까."

유전문流轉門

보편적 진리

할아버지는 마치 잘 준비된 원고를 읽어내려 가는 것처럼 막힘이 없었다. 그만큼 깊이 생각하고 그것을 온몸으로 받아들이고 있었던 것일까? 할아버지는 말을 이어 나갔다.

"한편 달리 생각해 볼 수도 있어. 부처 법을 떠나서 객관적으로 말이야.

내가 우주의 한 존재물인 이상 나에게도 우주의 진리가 조금이라도 들어 있지 않을까? 들어있다고 생각하는 것이 옳겠지. 내가 우주 삼라만상의 일원으로 존재하는데 나에게 그런 진리가 조금이라도 없다는 것은 말이 안 되기 때문이야.

나뿐만 아니라 모든 사람이 다 그렇겠지. 아니 모든 사람뿐만 아니라 일체 만물이 다 그렇겠지. 이를 개유불성皆有佛性, 곧 모두에게 부처 성질이 있다고 하는 거야. 그렇다면 멀리 갈 것 없이 나에게 있는 그 진리를 찾아내면 되지 않을까? 당연하지. 그것을 찾아내면 되겠지. 어디에 있는 것을. 나에게 있는 그것을.

그래서 조선시대 화담 서경덕 선생은 말했어.

'이 자리에 앉아서도 천하를 알 수 있는데,
구태여 진리를 찾기 위해 방문을 열고 마당으로 나갈 필요가 있겠는가.'

(坐可知天下 何用出庭闈)

곧 자기 자신한테서 진리를 찾으라는 말이야.
또 어떤 스님은 이야기했지.

'길을 가다가 부처를 만나면, 그 부처를 죽여라.'

여기서 말하는 부처가 누구인가. 바로 위에서 말한 우주의 진리야. 나에게도 그런 진리가 조금이라도 있는데, 나를 제쳐두고 나와 동떨어진 진리가 홀로 돌아다닌다면 그것은 진정한 진리일 리가 없다는 이야기지. 당연히 허깨비이고 도깨비라는 이야기야.

이제 나한테 있는 진리, 그것을 뭐라고 부를까. 부처 법에서는 일단 마음이라 이름 붙였지. 곧 부처 법에서는 진리眞理와 마음(心)이 같은 뜻이야.

그러고 나서 그 마음을 분석해 보았지. 그랬더니 위에서 말한 것처럼, 참된 것(진여), 여래 될 바탕(여래장), 잠긴 가리새(아라야식), 따질 가리새(말나식), 뜻할 가리새(의식) 등등으로 변해 나가는 거야."

종교의 다양성

"이제 사람들에게 자기가 찾아낸 진리를 각자 이야기하게 한다면, 그들의 이야기가 같을까 다를까? 당연히 다르겠지. 비록 진리는 하나라 하더라도 이야기는 각각 다르겠지. 사는 환경이 다르고, 사는 방법이 다르며, 능력이 다르고, 사고방식이 다르니까.

산이 많은 곳에 사는 사람이라면 산에서 수행하여 산에 어울리는 이야기를 할 것이고, 사막이 많은 곳에 사는 사람이라면 사막에서 수행하여 사막에 어울리는 이야기할 것이기 때문이지. 곧 자기가 사는 환경을 따른다는 이야기야.

따라서 비록 똑같은 진리라 하더라도, 그것을 설명하는 방법과 그것을 찾아내는 방법에는 다름이 있는 거야. 곧 이론과 수행이 서로 다르다는 이야기지.

이는 종교의 다양성을 뜻하며, 동시에 종교에는 우열(좋고 나쁨)

이 없음을 뜻해. 모두가 자기 환경에 충실해서 거기서 찾아낸 것을 이야기하는 것이니까.

석가의 이론과 수행도 그중의 하나야. 이는 곧 이 외에도 수많은 이론과 수행이 있을 수가 있다는 이야기지. 또한 석가의 가르침에 일리가 있듯이, 다른 사람들의 가르침에도 일리가 있다는 이야기도 되고.

따라서 자기의 종교를 지나치게 주장해서도 안 되고, 남의 종교를 지나치게 비판해서도 안 돼. 그냥 더불어 사는 거야. 서로 이해하며. 나아가 다양성을 즐기며……

또 이는 문화의 다양성을 뜻하며, 동시에 문화에도 우열이 없음을 뜻해. 따라서 자기의 문화를 지나치게 주장하거나 비하해서도 안 되고, 남의 문화를 지나치게 추종하거나 비판해서도 안 돼. 그냥 더불어 사는 거야. 서로 이해하며. 나아가 다양성을 즐기며……"

체상용 體相用

"우리는 그중 석가의 가르침을 이야기하고 있는 중이야."

할아버지가 이야기를 본디로 돌렸다.

"위에서 마음을 물든 정도에 따라서 참된 것, 여래 될 바탕, 잠긴 가리새, 따짐 가리새, 뜻할 가리새 등등으로 나눴지. 이는 단계 별로 살펴본 것이야.

이제 마음을 한 덩어리로 보아 성질性質에 따라서 살펴보자고. 그러면 마음이 몸체(체)와 모습(상)과 작용(용)으로 나누어져. 흔히 이를 체상용體相用이라 하는데, 합쳐서 3대三大라 하지.

몸체(體)란 마음의 본바탕을 말하고, 모습(相)이란 마음의 모습을 말하며, 작용(用)이란 마음이 하는 일을 말해. 본바탕이란 변하지 않는 본질이란 뜻이고, 모습이란 본질이 어떤 형태를 갖춘 것이며, 하는 일이란 그 모습이 실제로 작용하는 것이지.

이제 위에서 말한 단계를 여기서 말한 성질에 대비시키면 어떻게 될까.

그러면 '참된 것'(眞如)은 변하지 않는 본바탕이니 '마음의 몸체'(體)가 되고, '여래 될 바탕'(如來藏)은 조금 변해서 모습을 갖춘 것이니 '마음의 모습'(相)이 되며, '잠긴 가리새'(阿羅耶識)와 그 아래 것들은 끊임없이 변하는 것이니 '마음의 작용'(用)이 돼.

또 이 마음의 몸체와 모습과 작용(體相用)을 두 가지로 줄이기도 해. 곧 몸체는 하나로 하고, 모습과 작용 둘을 한 묶음으로 하는 것이지. 그래서는 앞의 것을 '참된 문'(眞如門), 뒤의 것을 '나고 죽는 문'(生滅門)이라 해. 합쳐 2문二門이라 하고. 문門이란 큰 부분이란 뜻이지.

곧 이 2문二門이 한 마음(一心)이야. 이를 1심一心, 2문二門, 3대三大라 하는데, 재미있는 표현이지."

*1심心 2문門 3대大 정리

1심一心	2문二門	3대三大	
일심一心	진여문眞如門	몸체(體)	참된 것(眞如)
	생멸문生滅門	모습(相)	여래 될 바탕(如來藏)
		작용(用)	잠긴 가리새(阿羅耶識)
			따짐 가리새(末那識)
			뜻할 가리새(意識)

4상四相

"조금 더 이야기해 볼까.

마음의 몸체(體)인 참된 것(眞如)과, 마음의 모습(相)인 여래 될 바탕(如來藏)은 변하는 성질이 아니므로 크게 걱정할 것이 없어. 따라서 여기서도 일단 제외하겠네.

그러나 마음의 작용(用)인 잠긴 가리새(阿羅耶識)와 그 아래 것들은 변하는 성질이라 언제나 번거로워. 끊임없이 나고 죽어서 언제나 문제가 된다는 이야기지.

이놈들이 잘 변해서 천당에 태어나면 큰 복이겠지만, 잘못 변해서 지옥으로 떨어지면 큰 낭패거든. 따라서 당연히 이놈들을 잘 다스려야지. 어쩌면 수행의 주된 목적은 이놈들을 잘 다스리는 것인지도 몰라.

그러기 위해서는 이제 이놈들의 성질을 다시 분석해 볼 필요가 있어. 다시 분석해 보았더니, 잠김 가리새(아라야식)의 본성은 '생겨나는 것'(生)이고, 따짐 가리새(말나식)의 본성은 '머무는 것'(住)이며, 뜻할 가리새(의식)의 본성은 '달라지는 것'(異)이야. 거기다가 뜻할 가리새(의식)에는 불행히도 아주 예외적으로 나쁜 본성이 있는데, 바로 '죽는 것'(滅)이야. 망하는 것이라고 할 수도 있지.

생겨나는 것(生)이란 무엇이 자꾸 생겨나는 것이야. 윤회를 거듭 시작한다는 것이지. 머무는 것(住)이란 그 생겨난 것이 계속 유지되는 것이고, 달라지는 것(異)이란 유지된 것이 다른 것으로, 특히 나쁜 쪽으로 변하는 것(變)이며, 죽는 것(滅)이란 말 그대로 망해서(亡) 온갖 괴로움을 다 겪는 것이야.

이를 생겨나는 모습(생상), 머무는 모습(주상), 달라지는 모습(이상), 죽는 모습(멸상)이라 하는데, 합쳐서 4상(四相)이라 하지.

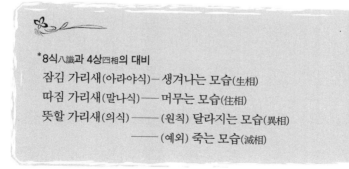

*8식八識과 4상四相의 대비
잠김 가리새(아라야식)─ 생겨나는 모습(生相)
따짐 가리새(말나식)── 머무는 모습(住相)
뜻할 가리새(의식)───(원칙) 달라지는 모습(異相)
                ──(예외) 죽는 모습(滅相)

다 알겠지만 잠김 가리새(아라야식)는 생겨나는 모습(生相)이고, 따짐 가리새(말나식)는 머무는 모습(住相)이며, 뜻할 가리새(의식)는 달라지는 모습(異相)과 죽는 모습(滅相)이야."

생상生相

"이제, 위에서 말한 8가지 가리새(8식)와 4가지 모습(4상)을 합쳐서 좀더 자세히 이야기하지. 대부분 『대승기신론』을 바탕으로 원효대사元曉大師가 스스로 정립한 이론이야.

먼저 '잠긴 가리새'(아라야식)부터 다시 살펴보겠네.

이것의 전반적인 성질은 당연히 '생겨나는 모습'(生相)이야. 생겨난다는 것은 '거듭 남'(윤회)을 끊임없이 시작한다는 것이지. 그리고 이를 분석하면 다시 3단계로 나누어져.

맨 처음에 무엇인가를 하고자 하는 놈이 생겨나. 그러다가 이놈이 점점 자라지. 그런 뒤에 어떤 모습을 나타내는 거야. 곧 무엇인가가 처음으로 생겨나서, 차츰차츰 자라서, 구체화된다는 이야기지.

이때 무엇인가가 처음으로 생겨나는 것을 업業이라 하고, 이것이 조금 더 자라는 것을 구른다(轉)고 하며, 이것이 어떤 모습을 띄는 것을 나타난다(現)고 해. 여기에 모습(相)이라는 말을 붙이면, '업의 모습'(業相), '구르는 모습'(轉相), '나타나는 모습'(現相)이 돼.

우리의 마음은 본디 텅 비었는데, 무엇인가가 처음으로 생겨나서는, 조금 더 발전한 후, 어떤 모습을 나타낸다는 말이지. 곧 우리의 한 생애가 시작되는 초기 단계를 말해.

그러나 이것은 순전히 마음속에서 일어나는 일이기 때문에 보통 사람으로서는 감지할 수가 없어. 따라서 이해도 어려워.

이해를 돕기 위해 예를 들어보겠네. 다소 예가 맞지 않을 텐데, 이것은 마음속에서 일어나는 것과 현실적인 일을 비교하기 때문이야. 곧 올바른 예가 못 된다는 뜻이지. 이 점을 이해하고 듣길 바래.

우리가 눈을 뜨면, 바깥 사물이 우리 눈에 비쳐서, 그 사물의 모습이 우리 눈에 나타나. 만약 눈을 뜨지 않는다면, 바깥 사물이 비치지 않게 되고, 그 사물의 모습도 나타나지 않게 되지.

이때 눈을 뜨는 것이 업의 모습(업상)이고, 바깥 사물이 눈에 비치는 것이 구르는 모습(전상)이며, 비친 것이 모습을 나타내는 것이 나타나는 모습(현상)이야. 달리 말하면 우리 눈이 주체, 바깥 사물이 객체, 나타나는 것이 결과라고도 할 수도 있지.

우리 마음도 마찬가지야. 마음속에서 맨 처음에 무엇인가 하고자 하는 놈이 생겨나, 그리고 역시 마음속에서 자기의 주변을 둘러보고는, 역시 마음속에서 어떤 모습을 짓는 거야.

이것을 '업의 모습'(업상), '구르는 모습'(전상), '나타나는 모습'(현상)이라 한다는 것이지. 앞에서처럼 주체, 객체, 결과라 하기도 하고.

그러면 맨 처음에 무엇인가 하고자 하는 놈, 이놈이 무엇일까?

달리 말해서, 생기는 모습의 근본 속내는 무엇일까? 바로 위에서 말한 '밝지 못한 것'(無明)이야. 이놈이 깨치지 못하고 움직이기 때문이지.

엄밀히 말하면 여기의 '밝지 못한 것'에는 두 가지 뜻이 있어. 하나는 '본디부터 밝지 못한 것'(根本無明)이고 둘은 '자기의 가장 근본 되는 업'(根本業)이야.

'본디부터 밝지 못한 것'이란 모든 중생이 원천적으로 가지고 있는 것이야. 원죄原罪라 할까. 따라서 중생은 그 누구도 이것을 떨치지 못해. 보살도 못 떨쳐. 오직 부처만이 떨칠 수가 있어.

'자기의 가장 근본 되는 업'이란 자기가 윤회를 거듭하면서 지은 업보 중 가장 근원이 되는 것이야. 선善을 좋아한다든가 악惡을 좋아한다든가 하는. 그러나 이 업은 후천적인 것이므로 수행하면 얼마든지 떨칠 수가 있어.

이와 같은 두 가지 뜻을 가진 것이 '업의 모습'(業相)이야. 그래서

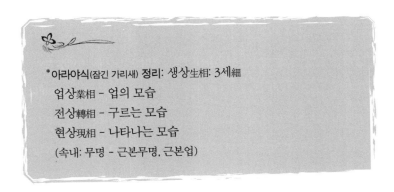

*아라야식(잠긴 가리새) 정리: 생상生相: 3세細
　　업상業相 - 업의 모습
　　전상轉相 - 구르는 모습
　　현상現相 - 나타나는 모습
　　(속내: 무명 - 근본무명, 근본업)

'업의 모습'을 '밝지 못한 업의 모습'(無明業相)이라고도 해.

위에서 말한 업의 모습(業相), 구르는 모습(轉相), 나타나는 모습(現相)을 '3가지 자세한 것'(3細)이라 하고, 합쳐서 '생겨나는 모습'(生相)이라 해. 이는 모두 '잠긴 가리새'에 포함되지."

주상住相

"다음은 '따짐 가리새'(말나식)를 살펴보겠네.

전반적인 성질은 '머무는 모습'(住相)이야. 이미 생겨난 것이 유지된다는 이야기지. 여기에는 한 가지 모습밖에 없어. 바로 '슬기로운 모습'(智相)이야.

그러면 구체적으로 무엇이 머무는 것일까? 바로 위에서 말한 '나타난 모습'(현상)이 머무는 거야. 마음속에 나타난 모습을 진짜 나(我)라고 생각해서 거기에 집착해 달라붙어 떨어지지 않는 거야.

왜 '슬기로운 모습'(智相)이라 할까. 이와 같이 되는 과정에는 어떤 실수나 착오가 없기 때문이야. 너무도 정확하기 때문이지. 따짐 가리새(말나식)의 본뜻을 생각하면 이해가 쉬워.

그러면 머무는 모습의 속내는 무엇일까. 당연히 나(我)라는 것이야. 그러나 나라는 것을 분석하면 4가지로 나누어져. 나를 사랑하는 것(我愛), 나에 대한 교만함(我慢), 내가 생각하는 견해(我見), 나라는 어리석음(我癡)이 그것이야. 이 4가지 나라는 것(4我)이 나를 이루어서 나를 유지시키는 것이지.

어떻게 보면 나(我)라는 것이 온통 나쁜 것같지만 그렇지만도 않아. 좋은 점도 있어. 이 나라는 것이 나를 부처 자리까지 이끌어 주거든. 나(我)라는 것이 없으면 부처가 될 수 있는 것이 없으니까. 나(我)라는 것을 끝까지 붙잡고 늘어져야 부처가 될 수 있어. 다만 부처가 되면 나(我)라는 것이 진리(眞理)와 동화되어 사라질 뿐이야. 이와 같이 나(我)라는 것은 양면성을 가지고 있는데 우리는 좋은 쪽으로 써야겠지.

그러나 이 나(我)라는 것도 마음속에서 일어나는 일이라 이해가 쉽지 않아."

할아버지는 어떻게 하면 좀 더 쉽게 이해시킬 수 있을까 고민하는 눈치더니, 곧장 말문을 열었다.

"적당한 예가 생각나지 않아서 궁여지책으로 현실적인 일에서 예를 찾아보았네. 곧 '나'라는 것의 집합체라고 생각되는 자존심을 예로 들어보자고.

어떤 사람들은 자기의 주장이나 견해를 지키기 위해 목숨을 초개같이 버리기도 하지. 또 어떤 사람들은 자기의 억울함과 정당성을 밝히기 위해 그러기도 하고. 남이 보면 별것 아닌 주장, 별것 아닌 말 한마디, 별것 아닌 일을 가지고 죽고 살고 하거든.

이는 자존심의 뿌리가 이렇게 깊음을 뜻해. 이 자존심의 근본이

'나'라는 것이거든. 따라서 누구든지 다른 사람의 자존심을 함부로 건드려서는 안 돼. 말은 특히 조심해야지. 말은 비수匕首보다 더 무서워."

이상異相

"다음은 '뜻할 가리새'(의식)를 살펴보겠네.

전체적 성질은 '달라지는 모습'(異相)이야. 달라진다는 것은 변한다는 뜻이지. 위에서 이야기한 '머무는 모습'(住相)이 다른 것으로 달라지는 것이야.

이 '달라지는 모습'(이상)에는 두 가지가 있어. 좋은 것으로 달라지는 것과 나쁜 것으로 달라지는 것이지.

좋은 것으로 달라진다면 이야기할 것도 없어. 인간 세상에 살면서 좋은 덕을 닦아서 다음에는 천당에 태어나거나 아니면 부처가 되는 것이니까.

문제는 나쁜 것으로 달라지는 것이야. 인간 세상에 살면서 악한 업을 쌓아서 다음에는 개돼지로 태어나거나 아니면 지옥에 떨어지는 것이니까. 여기서의 달라지는 것도 주로 나쁜 것으로 달라지는 것을 말해.

그러면 나쁜 것으로 달라지는 원인이 무엇인가? 달리 말하면, '달라지는 모습'(이상)의 속내가 무엇일까. 한마디로 말하면 욕심이야. 나라는 것이 나를 지키기 위해서 이제는 많이 물들었다는 이야기지. 곧 탐내고, 성내고, 어리석고, 교만하고, 의심하고, 잘못 생각해서는(탐진치만의견) 다른 것으로 달라지는 거야. 이를 6가지 번뇌(六煩惱)라 하는데 합치면 욕심이지.

'달라지는 모습'이 이토록 조심스러우니 다시 살펴보지 않을 수가 없어. 그리하여 다시 분석해 보았지. 그랬더니 달라지는 모습에도 4가지 단계가 있어. 서로 이어지는 모습(相續相), 집착하는 모습(執取相), 이름자를 헤아리는 모습(計名字相), 갖가지 업을 일으키는 모습(起業相)이 그것이지.

'서로 이어지는 모습'(상속상)을 보겠네. 욕심으로 물든 나(我)라는 것이 나를 유지시키기 위해서 갖은 방법을 다 쓰는 거야. 현재의 일들에만 집착하는 것이 아니라 지난날의 일들에도 집착한다는 말이지.

다시 말하면 과거 지난날 까마득히 잊고 있었던 일들까지 모조리 끌어와서는, 지금 세상의 일들까지 합쳐서, 미래의 세상으로 이어지게 하는 거야. 좋은 일이든 나쁜 일이든. 곧 과거, 현재, 미래의 업이 서로 이어지게 한다는 말이지.

바로 이것 때문에 옛날에 지은 죄업이 소멸되지 않고 다시 살아나며, 지금 지은 죄업이 소멸되지 않고 잠재해 있게 되어, 다음 세상에까지 영향을 미치는 거야. 한번 지은 죄업이 영원히 없어지지 않는 것은 바로 이놈 때문이고, 악행을 숨기고 선한 곳에 태어나지 못하는 것도 바로 이놈 때문이야.

'거듭 남'(윤회)의 우두머리가 '잠긴 가리새'(아라야식)라면, 거듭 남의 참모장이 '따짐 가리새'(말나식)이고, '거듭 남'의 실무 책임자가 바로 이 '서로 이어지는 모습'(상속상)라 할 수 있어.

'서로 이어지는 모습'(相續相)의 활동이 끝나고 나면, 다음에는 거기에 집착하게 되고(執取相), 그 다음에는 이것이 뭐다 저것이 뭐다

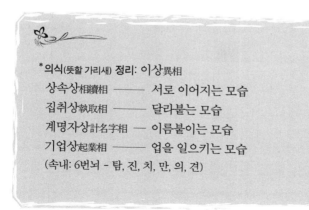

*의식(뜻할 가리새) 정리: 이상異相
　상속상相續相 ──── 서로 이어지는 모습
　집취상執取相 ──── 달라붙는 모습
　계명자상計名字相 ── 이름붙이는 모습
　기업상起業相 ──── 업을 일으키는 모습
　(속내: 6번뇌 - 탐, 진, 치, 만, 의, 견)

하고 이름자를 헤아리게 되며(計名字相), 또 그 다음에는 갖가지 업을 일으키는 거야(起業相). 이 4가지를 '달라지는 모습'(異相)이라 해."

멸상滅相

"다음은 '죽는 모습'(滅相)을 살펴보겠네. 여기에는 업에 매어 괴로운 모습(業繫苦相) 한 가지만 있어.

위에서 말한 '달라지는 모습'(異相)도 이 정도에서 멈추면 그나마 다행이야. 곧 탐진치만의견貪瞋癡慢疑見에서 멈추기만 하면 된다는 이야기지. 다음 번에는 뉘우쳐서 위로 올라가면 되니까. 그러나 일부 슬기 없는 사람들은 여기서 멈추지 않고, 이번에는 더 큰 욕심에 휩싸여 크나큰 죄업을 짓지. 곧 '죽는 모습'(멸상)을 짓는 거야.

이른바 죽이고(殺生), 도둑질하고(偸盜), 음란하고(邪淫), 속이고(妄語), 이간질하고(兩舌), 자랑하고(綺語), 악담하는 거야(惡口). 흔히 7가지 악(七惡)이라 하지. 신3구4身三口四라 하기도 하고. 바로 죽는 모습의 속내야.

이와 같은 죄업을 지으면 어떻게 될까. 당연히 그 죄업에 이끌려 다니지. 이제는 자기 뜻대로 할 수가 없어. 이미 죄업에 얽매였으니까. 그리하여 3악도에 떨어지는 거야.

이 다음 세상에는 개나 돼지로 태어날 수도 있다는 이야기지. 더 나쁜 곳에 태어날 수도 있고. 이를 '업에 매어 괴로운 모습'(업계고상)이라 해.

그러면 이 '죽어가는 모습'(滅相)은 어디에 포함될까? 우리의 '뜻할 가리새'(意識)에 포함될까? 그렇다면 우리의 '뜻할 가리새'가 너무 비참하지 않은가. 우리의 '뜻할 가리새'가 겨우 이 정도라니. 그러나 그렇지 않다고 하려니 딱히 포함시킬 곳이 없어.

왜 그럴까. 이 '죽는 모습'(滅相)은 우리 인간의 대상이 아니기 때문이야. 이 다음에 개나 돼지로 태어나고 지옥에 떨어지는 것을 구태여 알 필요가 있겠나. 한 단계라도 위로 올라가야지.

따라서 '뜻할 가리새'(의식)를 좁게 볼 때는 '달라지는 모습'(이상)만을 가리키고, 넓게 볼 때는 '죽는 모습'(멸상)도 포함한다고 적당히 얼버무리고 마는 거야.

무엇보다도 중요한 것은 여기까지 내려오면 위로 올라가기가 무척 힘들다는 것이야. 따라서 7가지 악은 절대로 짓지 말아야지."

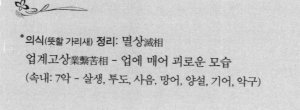

*의식(뜻할 가리새) 정리: 멸상滅相
업계고상業繫苦相 – 업에 매어 괴로운 모습
(속내: 7악 – 살생, 투도, 사음, 망어, 양설, 기어, 악구)

4상 정리

"이제 정리해 보겠네.

애초 텅 비었는데(공), 본디부터 밝지 못한 것(무명)이 있어서, 무엇인가가 생겨난 거야(생상). 일단 무엇인가가 생겨나자 이놈이 슬기롭게도 나라는 것(아)을 알아차리고 나를 유지시키지(주상).

그러다가 나라는 것에 집착해서 갖가지 욕심(6번뇌)을 부려 결국 다른 것으로 달라지는 거야(이상). 그러나 여기서 그치면 다행이야. 위로 올라가면 되니까. 그러나 그렇지 못하고 이번에는 더 큰 악(7악)을 지어서 잘못되면 정말로 아주 나쁜 곳으로 떨어지지 (멸상). 이것이 4가지 모습(四相)이야.

앞서 생겨나는 모습(생상)에 3가지가 있었지. 업의 모습(업상), 구르는 모습(전상), 나타나는 모습(현상) 이렇게. 이것을 3가지 자세한 것(3세)이라 했고.

이에 비해 뒤에 있는 6가지 모두를 6가지 거친 것(6추)이라 해. 곧 머무는 모습(住相)에 있는 슬기 모습(지상) 1가지, 달라지는 모습(異相)에 있는 서로 이어지는 모습(상속상), 집착하는 모습(집취상), 이름자를 헤아리는 모습(계명자상), 갖가지 업을 일으키는 모습(기업상) 4가지, 죽는 모습(滅相)에 있는 업에 매어 괴로운 모습 (업계고상) 1가지가 그것이지.

그리고 이 모두를 합쳐 3세6추三細六麤, 곧 3가지 자세한 것과 6

가지 거친 것이라 해. 그냥 9상九相, 곧 9가지 모습이라 하기도 하고.

자세하다는 것(細)은 미세해서 인식하기 힘들다는 뜻이고, 거칠
다는 것(麤)은 쉽게 드러나서 인식하기 쉽다는 뜻이야. 참고로 모
습(相)과 가리새(識)는 같은 뜻이지."

*4상과 4각과 9상의 대비

8식	4상	4각	3세6추	9상
잠긴 가리새	생상	구경각	(3세)	업상, 전상, 현상
따짐 가리새	주상	수분각	(6추)	지상
뜻함 가리새	이상	상사각		상속상, 집취상, 계명자상, 기업상
	멸상	불각		업계고상

4각四覺

"또 재미있는 것은 위에서 말한 4가지 모습(4상)을 4가지 깨침(4
각)에 대비할 수도 있다는 거야. 4가지 깨침이 무엇인가. 끝까지 깨
침(구경각), 부분적인 깨침(수분각), 비슷한 깨침(상사각), 못 깨침
(불각)이 그것이지. 깨침의 정도를 4가지로 나눈 것인데, 흔히 시각

4상始覺四相이라고 해. 처음 깨칠 때의 4가지 모습이란 뜻이지.

'끝까지 깨침'(究竟覺)이란 궁극적인 데까지 모조리 깨쳤다는 뜻이야. 바로 '생겨나는 모습'(生相)에 해당돼. 이는 '밝지 못한 것'(無明)을 포함해서 모든 것이 텅 빈 것임을 모두 다 깨친 것이니까. 더이상 깨칠 것이 없으니까. 이때는 '바탕 깨침'(本覺)과 같은 뜻이 돼.

'부분적인 깨침'(隨分覺)이란 끝까지 깨치지는 못했더라도 어느 정도까지는 깨쳤다는 뜻이야. 분수에 따른 깨침이라 할 수도 있어. 이는 '머무는 모습'(住相)에 해당돼. 나라는 것이 빈 것(我空)임을 깨친 것이니까.

'비슷한 깨침'(相似覺)이란 깨친 것과 비슷할 뿐 사실은 깨치지 못했다는 뜻이야. 이는 '달라지는 모습'(異相)에 해당돼. 욕심을 버리지 못한 상태니까.

'못 깨침'(不覺)이란 말 그대로 깨치지 못한 것이야. 깨침이란 말 자체를 쓸 수가 없는 단계지. 이는 '죽는 모습'(滅相)에 해당돼. 7가지 악(七惡)을 저지른 것이니까.

이와 같이 4가지 모습(四相)을 4가지 깨침(四覺)에 대비할 수가 있어."

환원문 還源門

이론과 수행

할아버지가 잠시 쉬었다.

"자, 이제 조금 이해를 했으니, 이번에는 어떻게 하면 윤회를 끊고 부처가 될 수 있는가를 살펴보자고. 중생인 나도 한번 깨쳐보자는 이야기지. 앞서 간단히 이야기한 것을 이론理論이라 한다면, 이것을 실천에 옮기는 것을 수행修行이라 할 수 있어.

또 달리 표현할 수도 있지. 앞서 이야기한 것은 이미 지은 업에 의한 필연적인 결과라 할 수 있어. 한번 지은 결과가 그대로 흘러 구르는 것뿐이니까. 따라서 이를 유전문流轉門이라 해. 말 그대로 흘러 구른다는 뜻이야. 이는 좀체 바꾸기가 힘들어.

이제 수행을 한다는 것은 반대로 위로 올라간다는 거야. 비록 지난 세상의 결과에 의해서 지금에 이르렀지만, 지금부터 수행하여 다시 본디의 깨침 자리로 되돌아가는 것이니까. 이를 환원문還源門이라 해. 말 그대로 본바탕으로 되돌아간다는 뜻이지. 이것으로 중생이 부처가 되는 거야.

이론도 중요하지만 수행도 중요해. 이론과 수행이 겸비되어야 최상의 상태가 되지. 이론만 있고 수행이 없다면, 노를 저으면 바다를 건널 줄은 알지만 노를 젓지 않는 것과 같고, 수행만 있고 이론이 없다면, 노를 열심히 젓지만 어디로 가야 할지를 모르는 것과 같아. 당연히 방향을 정해 놓고 노를 열심히 저어야지.

이론이 석가한테서 나왔다면 수행도 석가한테서 나와야겠지. 곧 석가가 수행한 것을 더듬어서 우리도 한번 따라해 보자는 거야.

그러나 우리 같은 중생은 석가처럼 뛰어나지가 못해. 따라서 그가 한 수행 과정을 그대로 따라할 수는 없어. 석가는 가끔 단계를 뛰어넘기도 하거든. 하지만 우리 같은 중생은 단계를 뛰어넘기가 힘들어. 따라서 여러 가지로 자세히 나누게 돼. 다시 말하면 수행 과정은 다소 복잡하고 어렵다는 이야기야."

수행의 목표

"이제 앞서 말한 유전문流轉門을 환원문還源門으로, 곧 이론을 수행으로 바꿔서 이야기해 보겠네. 다시 말하면 유전문은 위에서 아래로 흘러 내려오는 것이지만, 환원문은 아래서부터 위로 올라가는 것이니까, 아래서부터 이야기하겠다는 뜻이야.

사람이 살아 있을 동안에는 '뜻할 가리새'(의식)가 활동을 해. 따라서 이때에는 다른 가리새는 겉으로 드러나지 않아. 속에 숨어만 있지.

그러다가 사람이 죽으면 '뜻할 가리새'가 활동을 멈추지. 그러면 그 속에 숨어서 이제까지 활동하지 않던 '따짐 가리새'(말나식)가 비로소 활동을 개시해.

또 이 '따짐 가리새' 속에는 '잠긴 가리새'(아라야식)가 숨어 있지. 바로 이 '잠긴 가리새'가 다음에 어느 세상에 태어날까를 결정하는 최종 결정자야. 사람이 죽으면 이놈도 활동을 준비하거든.

만약 다음 세상에 좋은 곳에 태어난다면 다행이겠지만, 나쁜 곳에 태어난다면 큰일 아니겠어. 따라서 미리 손을 써야 해. 다시 말하자면 살아생전에 손을 써야 한다(操縱)는 말이지. 죽고 나면 손쓰기가 매우 힘드니까.

나아가 사람에 따라서는 다시 태어나는 것 자체를 싫어하는 경우가 있어. 천당에 태어나는 것도 싫어해. 곧 윤회 자체를 싫어한다는 말이지. 깨침을 얻어서 벗어나려는(해탈) 사람이야. 이런 사람도 미리 손을 써야 해.

그러기 위해서는 살아생전에 '뜻할 가리새'(의식)를 깨뜨려서,

그 속에 숨어 있는 '따짐 가리새'(말나식)를 끄집어내는 거야. 그리고 다음에는 '따짐 가리새'를 깨뜨려서 역시 그 속에 숨어 있는 '잠김 가리새'(아라야식)를 끄집어내는 거야. 그리고는 그 '잠김 가리새'의 싹을 자기 마음대로 요리하는 거야. 다른 것으로 바꾸어 버리든지, 아니면 아주 없애 버리든지.

만약 싹을 다른 것으로 바꾸어 버린다면 악한 사람도 이 다음에는 좋은 세상에 태어나게 되고, 만약 싹을 아주 없애 버린다면 다시는 태어나지 않게 되지. 곧 앞의 것은 윤회를 조종操縱하는 것이고, 뒤의 것은 윤회를 벗어나는 것(解脫)이야. 물론 이때 다시 태어나고 싶으면 '잠김 가리새'(아라야식)가 움직이게 하면 되지. 그럼 다시 태어나는 거야.

이와 같이 어디에 태어날까를 자유자재自由自在로 하고, 나아가 태어나고 태어나지 않고를 자유자재로 하는 사람, 이 사람이 바로 깨친 사람(覺者)이야. 이와 같이 되기 위한 노력을 수행이라 하고.

태어나고 태어나지 않고를 스스로 결정하지 못하고, 인과응보에 의해서 본의 아니게 태어난 다음에서야, '아이쿠, 여기가 어디로구나' 하고 비로소 한탄하는 중생과는 다른 셈이지.

결국 수행의 최종 목표는 어디에 태어날까를 자유자재로 결정하고, 나아가 태어나고 태어나지 않고를 자유자재로 결정하는 것, 곧 자유自由야. 이런 경지를 이룬 사람을 깨친 이 또는 부처라 하고."

52위五十二位

"부처 법에는 보살수행 52단계(位)란 것이 있어. 수행의 단계를 52가지로 나눈 것이지. 수행 단계가 무척 많아. 이와 같이 수행의 단계를 자세하게 나눈 까닭은 조금도 쉬지 말고 부지런히 노력해서 한 단계 한 단계 위로 올라가라는 뜻이야. 조금의 잘못된 생각이나 교만한 생각도 용납지 않는다는 뜻이지.

이제 위에서 말한 4가지 모습(四相)과 4가지 깨침(四覺)을 이 52단계와 비교해 보겠네. 미리 말해 둘 것은, 모든 이론들이 정확히 맞아 떨어지지는 않는다는 점이야. 부처 법法은 하나이나 문門은 여럿이기 때문이지. 곧 부처의 가르침은 하나이나 그것을 이해하고 설명하는 방법은 사람마다 견해가 다르다는 거야. 마치 산은 하나이나 오르는 길은 수없이 많은 것과 같고, 오르는 방법도 수없이 많은 것과 같. 여기서는 주로 원효대사의 뜻을 따랐다네.

수행의 단계 52가지(52位)란 수행을 1에서 52까지로 나눈 것을 말해. 그리고 이것을 10개씩 묶어봐. 곧 1에서 10, 11에서 20, 21에서 30, 31에서 40, 41에서 50으로 묶는 거야. 51과 52는 그냥 두고.

이제 이 묶음에 이름을 붙여. 10믿음(10신), 10머묾(10주), 10닦음(10행), 10되돌려줌(10회향), 10단단함(10지) 이렇게. 51과 52는 합쳐서 부처 자리(佛智)라 해.

10믿음(十信)이란 부처 법을 처음으로 믿는 단계를 10가지로 나눈 것이고, 10머묾(十住)이란 그 믿음이 유지되는 단계를 10가지로 나눈 것이며, 10닦음(十行)이란 본격적으로 수행하는 단계를 10가지로 나눈 것이고, 10되돌려줌(十廻向)이란 이제까지 애써 닦은 것을 다른 사람들에게 되돌려주는 단계를 10가지로 나눈 것이며, 10단단함(十地)이란 수행이 땅처럼 단단히 굳어진 단계를 10가지로 나눈 것이지. 51과 52는 위에서 말한 것처럼 모두 부처 자리(불지)야. 곧 부처도 2가지로 나눠진다는 이야기지.

이제 위에서 말한 4가지 모습(四相)과 4가지 깨침(四覺)을 이 수행 52단계(位)에 대비해 보겠네. 편의상 뒤쪽부터 이야기하지.

먼저 맨 아래 죽는 모습(滅相), 곧 못 깨침(不覺)이야. 여기에는 10믿음(10信, 1-10)이 해당돼.

다음 달라지는 모습(異相), 곧 비슷한 깨침(相似覺)이야. 여기에는 10머묾(10住), 10닦음(10行), 10되돌려줌(10廻向) 등 30가지가 해당돼. 이 30가지를 30마음(30心, 11-40) 또는 3층의 어진 이(3賢)라고도 하지.

다음 머무는 모습(住相), 곧 부분적 깨침(隨分覺)이야. 여기에는 10단단함(10地, 41-50) 중 앞쪽 7가지가 해당돼. 곧 마흔한 번째(41)부터 마흔일곱 번째(47)까지야.

마지막 생겨나는 모습(生相), 곧 끝까지 깨침(究竟覺)이야. 여기에는 10단단함(10地, 41-50) 중 뒤쪽 3가지가 해당돼. 곧 마흔여덟 번째(48)부터 쉰 번째(50)까지야.

그리고 이 위, 곧 51단계와 52단계가 부처 자리(佛智)야. 51단계는 임시방편으로 깨친 자리(方便智)이고, 52단계는 묘한 데까지 깨친 자리(妙覺智)지. 참고로, 여기서는 슬기(智)를 자리(地)로 풀이했네."

*보살수행 52위五十二位 - 10신, 10주, 10행, 10회향, 10지, 방편지, 묘각지를 합한 것.

*4각四覺과 52위五十二位의 대비

8식	4상	4각	52위	10계
진여			묘각지(52)	법계왕
여래장			방편지(51)	3계왕
아라야식	생상	구경각	10지(48-50)	천天
말나식	주상	수분각	10지(41-47)	인人
의식	이상	상사각	30심(11-40)	
	멸상	불각	10신(1-10)	

*30심心은 10주住, 10행行, 10회향廻向을 합한 것.

멸상減相

"이제 수행 52단계를 자세히 살펴봐야겠지. 하지만 전부 살펴 볼 수가 없네. 너무도 세세하고 미묘해서 전문적인 수행자가 아니면 쉽게 이해할 수가 없거든. 따라서 군데군데 몇 가지만 뽑아서 살펴보겠네.

역시 맨 아래 '죽는 모습'(滅相)부터 보도록 하지. 곧 10믿음(十信, 1-10)이야.

'뜻할 가리새'(의식)를 다스리는 것에는 2가지가 있는데, '죽는 모습'(멸상)을 다스리는 것과 '달라지는 모습'(이상)을 다스리는 것이 그것이지. '뜻할 가리새'가 나쁜 짓을 하지 못하게 하는 것이 '죽는 모습'을 다스리는 것이고, 적극적으로 활동하지 못하게 하는 것이 '달라지는 모습'을 다스리는 것이야.

나쁜 짓을 하지 못하게 한다는 것은 7가지 악(7惡)을 짓지 않는다는 것이며, 적극적으로 활동하지 못하게 한다는 것은 6가지 번뇌(6煩惱)를 일으키지 않는 거야. 7가지 악이란 살생, 음란, 도둑질, 거짓말 등이며, 6가지 번뇌란 탐진치만의견貪瞋癡慢疑見이지. 위에서 이야기했었지?

그러기 위해서는 먼저 한적한 산속이나 조용한 절간에 고요히 앉는 거야. 그것도 벽을 보고. 이를 한거정처閑居靜處라 해. 눈에 무엇이 보이거나 귀에 무엇이 들리면 곧바로 눈이 반응하고 귀가 반응하며 동시에 뜻할 가리새가 일어나서 움직이기 때문이지. 따라서 뜻할 가리새가 활동하지 못하도록 하는 것이 급선무야. 살아 있으면서 의식을 멈춰야 한다는 말이지.

이때 여러 가지로 마음을 가라앉혀. 부처 법을 믿겠다는 마음(信

心)도 가져보았다가, 슬기로운 마음(慧心)도 가져보았다가, 고요한 마음(定心)도 가져보았다가, 계율을 지키겠다는 마음(戒心)도 가져보았다가, 부처 법을 보호하겠다는 마음(護法心)도 가져보았다가 하는 등등으로.

이와 같이 해서 마음을 가라앉히는 것을 인도말로는 삼매三昧라 해. 한문으로는 선정禪定 또는 지止라고 하고. 우리말로는 '고요함' 또는 '그침'이라 옮기지. 고요함이란 말 그대로 마음을 고요하게 한다는 것이고, 그침이란 바깥 대상에 대한 일체 관념을 그친다는 것이야. 여기서는 이 수행이 주가 돼.

그러면 누구든지 쉽게 고요함(三昧)에 들 수 있을까? 다시 말하면 살아 있으면서 일체의 의식작용을 그칠(止) 수가 있을까? 쉽지가 않아.

가령 우리가 시험공부를 한다고 책상 앞에 앉아 있어도 별별 생각이 다 떠오르지. 시험에 어떤 문제가 나올까부터, 학교에서 있었던 사소한 일들까지. 이것이 조금 더 심해지면 공부는 차치하고 책상 앞에 앉아 있기도 힘들어. 그냥 일어서고 말지.

그런데 어떤 사람이 일생을 걸고 수행을 한답시고 산속이나 절간에서 좌선을 한다면 어떨까. 별별 생각이 다 스치지 않을까. 과연 부처 법이 있을까, 내가 부처가 될 수 있을까, 다른 사람들처럼 결혼해서 가정을 꾸리고 사는 것이 더 좋지 않을까 등등 말이야.

따라서 비록 수행한다고 덤벼들었지만 이때의 마음은 종잡을 수가 없어. 도무지 알 수가 없거든. 마치 보드라운 솜털이 바람결에 제멋대로 나부끼는 것과 같아.

그러나 수행을 계속하겠다면 이 모든 생각을 잠재워야 해. 이제 이와 같이 해서 지금의 잡념을 잠재웠다면 그것으로 끝날까? 아니야, 다음 단계가 나타나. 곧 지난날 지은 업보業報가 나타나지.

만약 지난날 지은 업보가 있다면 그 업보가 나타나며, 더욱이 지난날 지은 무거운 죄업이 있다면 그 무거운 죄업이 나타나는 거야. 만약 함부로 동물을 죽였다면 그 동물의 원혼이 나타나 덤빌 것이고, 만약 함부로 사람을 죽였다면 그 사람의 원혼이 나타나 덤빌 것이야.

이런데도 고요함(삼매)에 머물 수가 있겠어? 대부분의 사람들은 기겁을 하고 뛰쳐나오지. 그러나 이런 것들을 이겨내야 해. 수행을 계속하겠다면. 이 모두가 환상이며 허깨비라는 생각으로. 사실이 또한 그러하고.

만약 이것을 이겨내지 못한다면 수행을 계속할 수가 없고, 수행을 계속하지 못한다면 깨칠 수가 없으며, 깨치지 못하면 6도를 윤회해야 해. 업보를 지고서 끊임없이 돌아야지. 따라서 어떻게든지 이겨내야 해. 여기에는 이유가 없어.

그러니 얼마나 힘이 들겠어. 따라서 무엇보다도 중요한 것은 나쁜 업을 짓지 않는 거야. 수행은 그 다음이야. 특히 살생은 신중에 신중을 기해야 하며, 살인은 근본적으로 해서는 안 돼. 살생에 대해서만큼은 융통성이 거의 없기 때문이야. 자살도 살생에 해당되지.

이것이 10믿음(10信)의 이야기야. 이미 본 것처럼 믿는다고 하지만 대단히 불안해. 비록 믿으려고 시도는 하지만 끝까지 믿을지 아닐지 알 수가 없어. 그래서 숫제 '죽는 모습'(滅相)이라 하고, 못 깨침(不覺)에 포함시켜.

그렇더라도 이 자리는 3악도에 쉽게 떨어지지는 않아. 적어도 믿으려고 시도는 했으니까. 그러면 부처의 보살핌(가호)이 나타나니까."

*10신+信의 내용: 1-10
 신심信心, 진심進心, 염심念心, 혜심慧心, 정심定心, 계심戒心, 회향심迴向心, 호법심護法心, 사심捨心, 원심願心

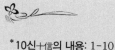

이상異相

"다음은 '달라지는 모습'(異相)이야.

곧 30가지 마음자리(30心, 11-40)지. 3층의 어진 이(3賢)라고도 해. 앞서 이야기한 것처럼 10머묾(10住), 10닦음(10行), 10돌려줌(10

廻向) 등 30단계가 있어.

여기서의 수행 목적도 '뜻할 가리새'(의식)를 다스리는 것이 주가 돼. 따라서 수행 방법은 위의 '죽는 모습'(멸상)에서 이야기한 것과 같아.

그러나 수행 내용은 달라. 죽는 모습에서는 7가지 악(7惡)을 다스리는 것이 주가 되었지만, 달라지는 모습에서는 6가지 번뇌(6煩惱)를 다스리는 것이 주가 되기 때문이지. 악惡과 번뇌煩惱는 비교가 되지 않지. 삼악도三惡道와 삼선도三善道의 비교라 할 수 있어. 따라서 여기서부터를 실질적으로 부처 법을 수행하는 단계라 할 수 있지. 명실상부한 수행이야. 이 중 몇 단계만 살펴보겠네.

10머묾(10주)의 첫 번째, 곧 열한 번째(11)를 '마음을 피우는 자리'(발심주)라 해. 4홍서원四弘誓願을 외우며 처음으로 믿으려는 마음을 일으키는 자리야. 앞서 말했지만 이 이전인 10믿음(1-10)은, 뭐 옳게 믿는다고 할 수도 없다는 말도 되지. 믿을 수도 있고 안 믿을 수도 있으니까. 이 단계를 벗어나야 비로소 믿는다는 말을 듣는 거야.

10머묾의 7번째, 곧 열일곱 번째(17)를 '믿는 마음이 뒤로 물러서지 않는 자리'(불퇴심주)라 해. 이쯤 돼야, 이제는 진짜 믿는구나 하고 인정한다는 뜻이지. 6화경六和敬, 곧 6가지 공경하며 어울리는 방법을 닦아서 뒤로 물러서는 일이 없으니까.

10머묾의 9번째, 곧 열아홉 번째(19)를 '법의 왕자에 머무는 것'

(법왕자주)라 해. 고집멸도苦集滅道 4성제四聖諦를 닦아 부처 가르침을 깊이 이해하게 되며, 부처 법을 잇는 법의 왕자가 되기 때문이지.

이상이 10머묾(10주)의 이야기야.

믿음이 머물기 시작했다면 이제는 분명히 닦아야지. 믿음이 머물기만 하고 더 닦지 않는다면 소용없거든. 그래야 그 골치 아픈 번뇌니 근심이니 하는 것을 조금이나마 떨칠 수 있게 되니까. 곧 10닦음(10행)으로 들어서는 거야.

10닦음(10행)의 5번째, 곧 스물다섯 번째(25)를 '어리석고 어지러운 마음을 떨치는 자리'(이치란심행)라 해. 이 자리에서는 8정도八正道도 어느 정도 닦아서 모든 번뇌의 근본인 '밝지 못한 것'(무명)을 통제하려고 시도해 볼 수가 있거든.

10닦음의 9번째, 곧 스물아홉 번째(29)를 '선한 법을 닦는 자리'(선법심행)라 해. 과거·현재·미래의 3세三世가 모두 12인연十二因緣으로 이루어졌음을 깨쳐서, 사람에게 선善을 가르치고 만물에 대한 규범規範도 짓지.

10닦음의 10번째, 곧 서른 번째(30)를 '진실된 마음을 닦는 자리'(진실심행)라 해. 어느 정도 마음을 진실되게 닦아 3보三寶를 공경하며 체험하게 돼.

이상이 10닦음(10행)의 이야기야.

사실 여기까지 닦은 것도 대단해. 보통사람은 이 자리까지 올 수가 없어. 그러니 이제까지 닦은 것을 다른 사람에게 조금이나마 나뉘져야 하지 않겠어. 자기 혼자만 알아서는 안 되지. 곧 사람들에게 조금은 이야기를 해줘야 한다는 거야. 이것을 되돌려준다(회향)고 하지.

물론 이 자리에서 되돌려주기만 하는 것이 아니야. 수행하면서 되돌려준다는 이야기지. 수행은 계속되어야 해. 수행이 빠지면 곧 바로 퇴보하거든.

10돌려줌(10회향)의 3번째, 곧 서른세 번째(33)를 '부처와 같은 자리'(등일체불)라 해. 4가지 깨어지지 않는 깨끗함(四不壞淨)을 닦아 가끔 부처와 같은 경지가 될 때도 있거든. 그래서 부처 법이 3세상에 언제나 흘러 다니게 하는 거야.

10돌려줌의 7번째, 곧 서른일곱 번째(37)를 '모든 중생을 같게 보아 순리에 따라 되돌려주는 자리'(수순등관일체중생회향)라 해. 18계十八界를 닦아 선악의 바탕은 다름이 없어서 하나의 합친 모습임을 보며, 아울러 모든 중생도 본디 똑같음을 보는 거야.

10돌려줌의 9번째, 곧 서른아홉 번째(39)를 '얽매임이 없는 해탈'(무박해탈)이라 해. 참됨과 속됨의 2진리가 모두 빈 것(二諦空)임을 보아, 분명하게 구분된다고 생각했던 욕심세계(욕계), 물질세계(색계), 물질 없는 세계(무색계)가 결국 하나의 합친 모습으로 같은 것임을 보게 되지. 어느 정도 3계三界에 대한 얽매임을 벗어났다는 이야기야. 해탈은 아니지만.

이상이 10돌려줌(10회향)의 이야기야. 그러면 곧 30가지 마음(30

심)을 넘어서.

어떻게 보면 사실 많이 닦았어. 하지만 별것 아니야. 깨친 것 같으나 진짜 깨친 것이 아니며, 틀림없이 부처가 된 것 같으나 그렇지도 않아. 깨친 것과 비슷할 뿐이고, 잘못하면 다른 것으로 달라질 수도 있거든. 그래서 숫제 '비슷한 깨침'(相似覺)이라 하고, '달라지는 모습'(異相)이라 해.

달리 생각하면 우리의 '뜻할 가리새'(의식)도 대단한 수준이야. 이것을 다스리는 것만으로도 이런 경지에 도달할 수 있으니. 우리가 한번 결심하면 안 되는 것이 없다는 이야기지."

*10주+住의 내용: 11-20
발심주發心住, 치지주治地住, 수행주修行住, 생귀주生貴住, 방편주方便住, 정심주正心住, 불퇴주不退住, 동진주童眞住, 법왕자주法王子住, 관정주灌頂住
*10행+行의 내용: 21-30
환희행歡喜行, 요익행饒益行, 무진한행無瞋恨行, 무진행無盡行, 이치란행離癡亂行, 선현행善現行, 무착행無著行, 존중행尊重行, 선법행善法行, 진실행眞實行
*10회향+迴向의 내용: 31-40
구호일체중생이중생상회향救護一切衆生離衆生相迴向, 불괴회향不壞迴向, 등일체불회향等一切佛迴向, 지일체처회향至一切

處迴向, 무진공덕장회향無盡功德藏迴向, 수순평등선근회향隨
順平等善根迴向, 수순등관일체중생회향隨順等觀一切衆生迴向,
여상회향如相迴向, 무박해탈회향無縛解脫迴向, 법계무량회향
法界無量迴向

*4홍서원四弘誓願 - 4홍지四弘地라고도 함. 4가지 큰 바람.

衆生無邊誓願度(중생무변서원도)

중생들은 가없으나 다 건지길 바라오며

煩惱無盡誓願斷(번뇌무진서원단)

번뇌들은 끝없으나 다 끊기를 바라옵고

法門無量誓願學(법문무량서원학)

부처 법은 한없으나 다 배우길 바라오며

佛道無上誓願成(불도무상서원성)

부처 도는 위없으나 다 이루길 바랍니다.

*6화경六和敬 - 6가지 공경하며 어울림. 몸으로 어울리고(身和敬),
말로 어울리며(口和敬), 뜻으로 어울리고(意和敬), 계율로 어울
리며(戒和敬), 견해로 어울리고(見和敬), 이익으로 어울림(利和
敬).

*3보三寶 - 3가지 보배. 불법승佛法僧. 불보佛寶는 부처라는 보배, 법
보法寶는 진리라는 보배, 승보僧寶는 스님이라는 보배.

*2제二諦 - 대립되는 2가지 진리. 여러 가지가 있음.

① 있다는 진리(有諦)와 없다는 진리(無諦).

② 참된 진리(眞諦)와 속된 진리(俗諦).

진제眞諦 - 저 세상(열반)의 진리, 성제, 승의제, 제일의
제라고도 함.

세제世諦 -이 세상(속세)의 진리.

포교

"참고로 중생에게 되돌려주는 것을 잠시 생각해 보자고.

만약 자기가 깨친 것이 있는데, 남이 와서 물어도 이야기해 주지 않는다면 어떨까. 인색한 사람이 되겠지. 또 만약 자기가 깨친 것이 있더라도, 남이 묻지도 않는데 자꾸 이야기한다면 어떨까. 교만한 사람이 되겠지.

앞의 것을 간탐죄慳貪罪라 하고 뒤의 것을 자찬훼타계自讚毁他戒라 해. 인색한 죄, 그리고 나를 기리고 남을 헐뜯는 죄란 뜻이지. 모두 중한 죄야.

우리나라 성인의 나이를 20살로 치고, 이때부터 수행에 전념해서, 쉽게 말해 1년에 1단계씩 올라간다고 한다면, 약 50살이 되어야 되돌려줄 수 있는 단계가 되지. 그전까지는 자기 자신의 수행이 더 급하다는 이야기야. 물론 예외가 있겠지만 숫자상으로 계산해서 그렇다는 말이야.

석가는 29살에 집을 나와 피골이 상접하도록 수행한 끝에 6년 만인 35살에 도道를 이루었으며, 원효대사도 16살 정도에(?) 집을 나와 23년간 수행한 끝에 39살 정도에(?) 도를 이룬 것으로 알려지고 있거든.

이분들의 수행이 이 정도니, 다소 부족한 사람들은 되돌려줌에 신중을 기해야 하지 않을까. 곧 선교니 포교니 하는 것에 신중을

기하라는 이야기야."

주상住相

할아버지는 잠시 쉬었다가 말씀을 이어나갔다.

"자, 그건 그렇고, 다음은 '머무는 모습'(住相)이야. 10단단함(10地, 41-50) 중 앞쪽 7가지를 말하지. 곧 마흔한 번째부터 마흔일곱 번째(41-47)까지야.

'뜻할 가리새'(의식)가 벗겨지고 나면, '따짐 가리새'(말나식)가 나타나지. 이 '따짐 가리새'가 활동하는 것이 '머무는 모습'(주상)이야. 이 활동을 다스리는 것이 이 단계에서의 수행의 목적이지.

이 단계에서는 몇 가지 특징이 있어. 주로 다음에 말하는 '생겨나는 모습'(生相)에 대응해서 하는 말이지만.

하나는, 선善은 선대로 악惡은 악대로 곧이곧대로 따진다는 것이야. 선한 행동은 선한 것으로 보고하고 악한 행동은 악한 것으로 보고한다는 것이지. 어긋남이 없다는 뜻이야. 앞서 이야기했지.

둘은, 나라는 것이 비었음(人空)을 깨친다는 것이야. 곧 내 몸과 내 마음이 비었음을 깨친다는 말이지. 여기까지 수행하여 얻은 최고의 성과야.

셋은, 이제부터는 천당天堂을 본다는 것이야. 인간세상과 다른 특별한 세상이 있다는 것을. 다시 말하면 이 단계부터 하늘나라에 들어서는 거야.

넷은, 신통력을 발휘한다는 것이야. 예견력豫見力이라 할 수도 있고. 가끔 자기의 지난 세상과 다음 세상을 볼 수도 있고, 다른 사람의 과거나 미래에 대한 길흉화복도 볼 수 있거든. 대단한 것은 아니지만."

지관止觀

"앞에서 삼매三昧를 이야기했었네. 한문으로는 선禪, 정定, 선정禪定, 지止라 하고, 우리말로는 고요함, 그침이라 한다고. 일체 바깥 대상에 대한 생각을 그쳐서 고요해진다고 할까.

그러면 그치기만 하면 되는 것일까? 아니야. 그 다음에는 봐야 해. 무엇을 볼까? 더 높은 단계를 보는 거야. 천당이나 극락이나 보살이나 부처 같은. 이를 인도말로는 비발사나(毗鉢舍那, 위빠사나)라 해. 한문으로는 관觀으로 옮기고, 우리말로는 '본다'고 하지.

또 삼매와 비발사나를 합쳐 '그쳐 보기'(止觀)라 해. 원래 이 둘은 동시에 일어나는 거야. 불가분의 관계지. 바깥 대상을 그치면 곧 보게 되니까. 그러나 구태여 순서를 따지자면 그침(지)이 먼저이고 보기(관)가 나중이야.

이 그쳐 보기(지관)가 수행의 전 과정이야. 수행의 전 과정이 이 두 가지로 이루어지지. 대상을 그치면 보게 되고, 그 본 것을 그치면 다음 단계를 보게 되며, 또 이 본 것을 그치면 그 다음 단계를 보게 되거든. 이렇게 반복해 나아가서 결국 공空에 이르는 거야.

앞의 '달라지는 모습'(異相)까지는 그침(止)이 주가 되었으나, 여기 '머무는 모습'(住相)부터는 보기(觀)가 주가 돼. 앞 단계보다도 높아."

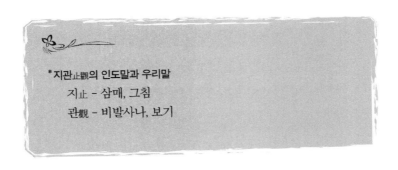

*지관止觀의 인도말과 우리말
지止 – 삼매, 그침
관觀 – 비발사나, 보기

인공人空

"앞서 '나라는 것이 비었다'(人空)는 것을 이야기했어.

내가 그렇게 소중히 여기는 내 몸뚱어리(身)가 사실은 갖가지 원소들이 잠시 인연을 맺어서 어우러진 것에 지나지 않고, 틀림없이 있다고 믿었던 내 마음(心)도 껍질을 벗기고 나면 결국 아무것도 없다는 것을.

몸과 마음이 없는데 나란 것(我)이 어디 있겠나. 이것을 진짜 내가 없구나(人無我) 또는 진짜 내가 비었구나(人空)라고 하는 것이지. 여기까지 깨친 사람을 아라한(나한)이라 하고. 이제 이것을 깨치는 자리가 바로 이 머무는 모습(주상)이야.

비록 위에서 내가 없다(人無我)고 했으나 사실은 내가 비었다(人空)고 하는 것이 정확한 표현이야. 없다는 것은 말 그대로 아무것도 없어서 무엇이 생겨날 근거가 없지만, 비었다는 것은 잡히지는 않지만 무엇인가 생겨날 근거가 있는 것이거든.

무엇인가 생겨날 근거가 있어야 나라는 것이 생겨나지, 없는 것에서는 아무것도 생겨나지 않아. 따라서 없다고 하더라도 비었다고 이해해야 해.

그리고 '내가 비었다는 것'(人空)의 반대가 '내가 있다고 집착하는 것'(人執)이야."

*이집二執 - 2가지 집착, 곧 인집과 법집. 반대는 2공二空, 곧 인공과 법공.
인집人執 - 내가 있다고 집착하는 것. 반대는 인공人空, 인무아人無我.
법집法執 - 법이 있다고 집착하는 것. 반대는 법공法空, 법무아法無我.

18계 十八界

"그러면 나라는 것(我)이 실제로 어떻게 해서 빈 것일까. 물론 앞에서 몸과 마음을 나누어서 빈 것임을 살펴보았지. 이제 여기서는 몸과 마음을 하나로 묶어서 살펴보자는 거야.

이에는 두 가지 방법이 있어. 하나는 나의 단면斷面을 잘라서 살펴보는 방법이고, 둘은 나의 흐름(緣起)을 통해서 살펴보는 방법이야. 앞의 것은 18계十八界와 5온五蘊을 보겠다는 것이고 뒤의 것은 12연기十二緣起를 보겠다는 것이지.

먼저 나의 단면을 잘라서 살펴보겠네. 다 아는 것처럼 우리 몸에는 6가지 감각기관이 있어. 눈, 귀, 코, 혀, 살갗, 생각이 그것이지. 이것을 6뿌리(6근)라 해. 여기서 뿌리란 감각기관이란 말이야.

그리고 이 뿌리들은 각각 상대하는 대상이 있어. 곧 눈은 빛깔을, 귀는 소리를, 코는 냄새를, 혀는 맛을, 살갗은 닿음을, 생각은 진리를 상대하지. 이를 6대상(6경)이라 해. 여기서 대상이란 바깥의 물질이란 말이야. 그리고 만약 이 6대상을 나를 기준해서 말한다면, 모두 나에게 들어오는 것이니 달리 6가지 들어오는 것(6입)이라 하기도 해.

또 만약 눈이 빛깔을 봤다면 저것은 빨간색이구나, 저것은 노란색이구나 하면서 알아봐. 또 귀도 소리를 들으면 저것은 사람소리구나, 저것은 새소리구나 하면서 알아보고. 다른 것들도 모두 이와 같아.

이것을 보기, 듣기, 맡기, 맛보기, 느끼기, 알기라 하지. 또는 보는 가리새, 듣는 가리새, 맡는 가리새 등등으로 말할 수도 있고, 보아 알기, 들어 알기, 맡아 알기 등등으로 말할 수도 있어. 한문으로는 안식眼識, 이식耳識, 비식鼻識, 설식舌識, 신식身識, 의식意識이야. 이를 6가리새(6식)라 하지. 여기서 가리새(識)란 인식한다는 뜻이야.

이제 6뿌리와 6대상과 6가리새가 있으니, 모두 합치면 18가지가 돼. 이를 18계(十八界)라 하는 거야. 여기서 계界란 나름대로의 세계, 범위란 뜻이지.

이 18계가 곧 나와 바깥이야. 6뿌리가 내 몸이고, 6가리새가 내 마음이며, 6대상이 바깥 세계니까. 머무는 모습에서는 이 18계가 빈 것임을 깨친다는 말이야. 곧 나와 바깥이 빈 것임을 깨친다는 말이지. 모두들 끊임없이 변하는 것들이니까."

＊18계十八界 정리

6근(六根, 六情)	눈	귀	코	혀	몸	뜻함
	안眼	이耳	비鼻	설舌	신身	의意
6경(六境, 六塵)	색色	성聲	향香	미味	촉觸	법法
	빛깔	소리	냄새	맛	닿음	진리
6식(六識)	견見	문聞	취臭	미味	촉觸	지知
	안식	이식	비식	설식	신식	의식
	보기	듣기	맡기	맛보기	느끼기	알기

중생

"자네들, 중생衆生이 무엇인지 아는가?"

할아버지가 갑자기 물었다. 모두 잠자코 있자 할아버지가 말을 이었다.

"중생이란 뭉쳐서(衆) 생겨난다(生)는 뜻이야. 무엇이 뭉쳐서 생겨나는가. 곧 위에서 말한 뿌리들(根)이 뭉쳐서 생겨나는 거야.

그렇다고 눈, 귀, 코 등 6가지가 반드시 모두 다 갖춰져야 하는 것은 아니야. 한두 가지가 빠져도 상관없어. 따라서 사람 중 몸이 불편한 사람도 중생이고, 땅속이나 물속의 미물微物도 중생이야.

또 반드시 사람과 같은 육신肉身이나 형상形狀을 가져야 하는 것도 아니야. 사람과 다른 육신을 가져도 중생이고, 사람과 다른 형상을 가져도 중생이지. 쉽게 말하면 기氣의 모습이라 추측되는 천인天人이나 귀신鬼神도 중생이고, 괴상한 모습이라 추측되는 아귀餓鬼나 지옥地獄 사람도 중생이야. 이른바 목숨이 있는 것은 모두 다 중생이지. 따라서 삼계三界에는 한량없는 중생이 있어."

5온五蘊

"이제 위에서 말한 6대상(경)과 6뿌리(근)와 6가리새(식)를 다른

각도에서 살펴보겠네. 곧 이 3가지를 5가지로 다시 나누는 거야. 대상(境)은 빛깔(色)이라 해서 그대로 두고, 뿌리(根)는 받아들이는 것(受)과 모습(想)의 2가지로 나누며, 가리새(識)도 움직이는 것(行)과 가리는 것(識)의 2가지로 나누는 거야. 그러고 나서 이 5가지를 살펴보는 거야.

먼저, 빛깔(색)이란 위에서 말한 대상(경)과 같은 뜻이야. 곧 바깥 세계 전체를 뜻하지. 눈의 대상인 빛깔만을 뜻하는 것이 아니야.

다음, 받아들이는 것(수)이란 감각기관이 받아들이는 것이야. 무엇을 받아들이는가? 위에서 말한 6대상을 받아들이는 거야. 눈이라면 빛깔을 받아들이고, 귀라면 소리를 받아들이는 것처럼.

다음 모습(상)이란 받아들여진 것이 어떤 형상으로 나타나는 거야. 어디에 나타나는가? 감각기관에 나타나는 거야. 눈이라면 망막에 사물의 형상이 나타나고, 귀라면 고막에 소리의 형상이 나타나지. 따라서 비록 여기서 모습이라 했지만 실제로는 생각과 마찬가지야. 그래서 생각 상(想)자를 써.

그리고 움직이는 것(行)이란 나타난 모습이 한 번 더 구르는 거야. 어디서 구르는가? 마음속에서 구르는 거야. 마음속에서 변전變轉한다고 할 수 있지. 이렇게 한 번 움직인 다음에야 비로소 우리가 인식하게 되는 거야.

따라서 여기의 움직임은 인식하기 전의 단계야. 이는 순전히 마음속에서 일어나는 일이라 보통사람들은 전혀 감지하지 못해. 수행을 많이 한 사람만이 감지하지. 흔히 말하는 행동이나 활동이란 뜻이 아니야.

다음으로, 가리는 것(식)이란 가리새와 같은 뜻이야. 인식한다는 뜻이지. 앞서 움직인 것이 무엇인지를 인식하는 거야. 가령 눈이라면 비쳐진 모습이 사람이다 짐승이다 하고 인식하는 것이고, 귀라면 들려진 것이 사람소리다 짐승소리다 하고 인식하는 것이지.

이제 눈을 예로 들어 보겠네.

바깥의 빛깔(색)이, 눈에 받아들여져서(수), 어떤 모습(상)을 짓는데, 이 모습이 마음속에서 변전하여(행), 사람이다 짐승이다 하고 인식하는 거야(식).

여기서 빛깔(색)이란 바깥 세계를 뜻하고, 나머지 4가지는 우리의 몸과 마음을 뜻해. 이 중 우리가 인지할 수 있는 것은 처음의 빛깔(색)과 마지막의 가리새(식) 뿐이야. 그 사이의 3단계는 인식하지 못하지. 이는 고도의 수행으로만 감지할 수 있어.

이 5가지를 5덩어리(五蘊)이라 해. 덩어리(蘊)란 일정한 범위란 뜻이야. 이는 18계를 다시 설명한 것이지. 위에 본 것처럼 빛깔(색)이 6대상(6境)을 말하고, 받아들이는 것(수)과 모습(상)은 6뿌리(6根)를 말하며, 움직이는 것(행)과 가리는 것(식)은 6가리새(6識)를 말하니까.

앞의 18계가 비었으니 이 5온(5덩어리)도 당연히 비었겠지. 따라서 5온개공五蘊皆空, 곧 다섯 덩어리가 모두 비었다라고 하는 거야."

*5온五蘊 - 색수상행식. 곧 빛깔(色), 받음(受), 생각(想), 움직임(行), 가리새(識).

*심신心身과 18계界와 5온蘊의 비교

바깥세상(外界)	6대상(6境)	빛깔(色)
몸(身)	6뿌리(6根)	받음(受), 생각(想)
마음(心)	6가리새(6識)	움직임(行), 가리새(識)

12연기 十二緣起

"나의 단면斷面을 잘라서 내가 빈 것임을 살펴보았으니, 이번에는 나의 흐름(緣起)을 통해서 내가 빈 것임을 살펴보겠네. 곧 12연기를 살펴보겠다는 거야.

12연기緣起란 12인연因緣, 12지支라고도 하는데, 12가지가 연이어 일어나는 것이지.

무엇이 12가지인가? 밝지 못한 것(無明), 움직임(行), 가리새(識), 이름과 물질(名色), 여섯 기관(6處), 닿음(觸), 받음(受), 좋아함(愛), 달라붙음(取), 있음(有), 살아감(生), 늙어 죽음(老死)이 그것이지.

이에는 두 가지 설명법이 있어. 하나로 연결해서 설명하는 것과 두 가지로 나누어서 설명하는 것이지. 구태여 이름 붙이자면 앞의 것을 일종인과설一種因果說이라 하고, 뒤의 것을 양중인과설兩重因果說이라 해. 여기서는 앞의 것만 보겠네.

12가지가 연이어 일어난다는 것은 차례차례 변해 나간다는 뜻이야. 변한다는 말은 변하지 않는 것이 없다는 것이지. 곧 변하지 않는 나의 본성이 없다는 말이야. 내 본성은 빈 것(공)이란 말과 같아.

맨 처음의 밝지 못한 것(무명)은 또 한 번의 생애가 시작되는 실마리야. 앞서 말했듯이 여기에는 두 가지 뜻이 있어. 본디부터 밝지 못한 것(근본무명)과 지난 세상에서 내가 지은 업보(근본업)가 그것이지. 이 둘은 통상 함께 해.

이것이 처음으로 일어나면 그 다음에는 움직이는 거야. 그러나 여기의 움직임(행)은 흔히 말하는 움직임이 아니야. 무엇을 형성하기 위해서 마음속에서 일어나는 미세한 힘이라 할 수 있어. 인식되기 전의 작용이지. 앞서 오온五蘊에서 이야기한 움직임(行)과 비슷해. 따라서 보통사람으로서는 알아챌 수가 없어.

그러다가 인식이 생겨. 이 인식을 우리는 가리새(식)라 하지.

위의 3가지는 순전히 마음속에서 일어나는 것이야. 물질하고는 무관해. 그러다가 이것이 더 발전하면 이제는 물질과 결합하지. 이것을 이름과 물질(명색)이라고 해. 곧 정신적인 것과 물질적인 것이 혼합된 상태야.

따라서 여기서 말하는 이름(名)은 흔히 말하는 이름이 아니라, 가리새가 더 구체화된 상태를 말해. 무엇인가를 인식하는 단계를 말하지. 물질(色)이란 당연히 근본적인 물질을 말하고. 곧 나를 이루는 초기 단계를 말해.

이 단계에서 내가 잉태되는 거야. 곧 부모와 인연을 맺는 것이지. 부모가 결합하여 근본 되는 물질이 결합할 때, 내가 거기에 결합하는 거야. 비록 부모가 결합하더라도 만약 내가 결합하지 않으면 내가 잉태되지 않지. 여기에는 몇 가지 뜻이 있어.

첫째, 부모에게 결합될 여건이 조성되어 있고, 내가 결합할 준비가 되어 있어야 해. 곧 부모와 내가 인연이 있어야 된다는 말이지. 이 인연이 없으면 내가 태어날 수 없어.

둘째, 참으로 불행한 이야기지만, 동물의 암수가 결합할 때, 내가 결합할 수도 있다는 것이야. 내가 축생으로 태어날 수도 있다는 이야기지. 죄업에 얽매여서 삼악도에 떨어질 때를 말하는 것이야. 이 이야기는 여기서 그치자고. 알 필요도 없고 잘 모르니까.

셋째, 비록 부모(암수)가 결합하더라도 내가 결합하지 않으면 물질은 그대로 흩어져. 이는 물질의 본질은 결국 빈 것임을 뜻해. 나아가 내 몸도 결국 갖가지 원소들이 잠시 뭉쳐져 이루어진 것임을 뜻하고.

이와 같이 내가 이루어지고 나면 다음에는 본격적으로 활동하겠지. 곧 6기관(6처)이 활동하는 거야. 보고, 듣고, 냄새 맡고, 맛보고, 피부로 느끼고, 생각함으로써.

이제 6기관(6처)이 활동하면, 사물에 닿아서(촉), 사물을 받아들이고(수), 그 사물을 좋아하며(애), 거기에 달라붙어(취). 그리고는 이 모든 것이 함께 하여(유), 살아가는 거야(생). 얼마쯤 살았다면 다음에는 늙어 죽어야지(노사). 이것이 우리 같은 중생이 도는 한 번의 윤회야.

이와 같이 끊임없이 변하니, 변하지 않는 나란 것이 있겠는가. 없지. 따라서 나의 본질은 '텅 빈 것'이야. 이것이 흐름(연기)을 통해서 내가 텅 빈 것임을 아는 것이지."

*12인연十二因緣 - 12연기十二緣起, 12지十二支라고도 함. 12가지가 연이어 일어남. 곧 밝지 못한 것(無明), 움직임(行), 가리새(識), 이름과 물질(名色), 여섯 기관(6處, 6入), 닿음(觸), 느낌 받음(受), 좋아함(愛), 달라붙음(取), 있음(有), 살아감(生), 늙어 죽음(老死).

천당天堂

"위에서 이 머무는 모습부터는 천당天堂을 본다고 했지. 이제 천당에 대해 살펴보겠네.

앞서 10세계(十界)를 이야기했지? 부처, 보살, 연각, 성문, 천, 인, 수라, 축생, 아귀, 지옥 하면서 말이야. 이때 천天이 천당天堂이야.

곧 하늘나라지. 천상天上이라 하기도 하고.

그러면 천天 이상의 4성인聖人, 곧 부처·보살·연각·성문은 무엇일까.

부처는 당연히 부처야. 최고의 자리지. 이미 진작에 천天을 뛰어넘은 분이야. 절대적 공空을 터득한 분이니까.

그리고 뒤의 3분, 곧 3승三乘도 천天보다 높아. 따라서 처處에 머물러. 처處란 '곳'이란 뜻인데, 무엇인가 장소는 있지만 구체적인 것이 없다는 뜻이야. 하늘나라(천) 같은 구체적 장소보다도 더 높은 단계지. 그래서 막연히 곳(처)이라 해. 무색계無色界의 4공처四空處가 여기에 해당돼.

이는 무엇을 뜻하는가. 천당이 최고가 아니라는 것이야. 천당보다 더 높은 단계가 있다는 것이지. 이 점이 불교가 천당이 최고라고 보는 종교와 다른 점이야.

이제 3계, 곧 무색계無色界, 색계色界, 욕계欲界를 한꺼번에 보겠네. 그러면 무색계에는 4공처四空處, 색계에는 20천二十天, 욕계에는 6욕천六欲天이 있어. 이를 합쳐 30천三十天이라 해. 이 중 무색계 4공처를 빼면 26천이 되지.

욕계는 우리 인간과 같은 욕심 많은 중생이 사는 곳이야. 이는 다시 5도五道와 위에 말한 6욕천六欲天으로 나누어져.

5도란 5세계란 뜻인데 인간, 수라, 축생, 아귀, 지옥을 말하지. 이 5도에 천天을 더한 것이 6도六道야.

6욕천이란 6가지 욕심 있는 하늘이란 뜻인데, 4천왕천, 도리천, 야마천, 도솔천, 화락천, 타화자재천을 말해. 이 6욕천부터를 천당이라 하지. 욕심을 가졌으면서도 천당에 갈 수 있는 거야. 그것도 무려 6가지나 있지. 대단해.

욕계 위가 색계色界야. 여기의 색色이란 물질이라 할 수 있는 최초의 상태를 말하지. 이 색계가 천당의 주체야. 따라서 '천당' 하면 주로 이 색계를 말해. 당연히 여러 가지로 나누어져. 초선천初禪天, 2선천二禪天, 3선천三禪天, 4선천四禪天, 정범지淨梵地 하면서. 그리고 이들이 또 자세히 나누어져서 결국 20천二十天이 돼.

무색계無色界는 위에 말한 것처럼 빛깔이란 것도 없는 세계야. 무엇인가 있기는 하지만 빛깔이라 할 수도 없다는 이야기지. '텅 빈 것'(空)에 아주 가깝다는 이야기야. 그래서 이름도 막연히 처處라 해. 공무변처, 식무변처, 무소유처, 비상비비상처 하면서. 어쨌든 4가지가 있어.

이 4공처四空處는 천天에 포함시키기도 하고 빼기도 하는데, 여기서는 일단 빼겠네. 천天 이상으로 보고 말이야. 따라서 여기서는 욕계 6욕천六欲天과 색계 20천天, 곧 26천만 보도록 하지.

이 중 욕계 5도가 대체로 '뜻할 가리새'(의식)의 '달라지는 모습'(이상)에 해당되고, 욕계 6욕천이 대체로 '따짐 가리새'(말나식)의 '머무는 모습'(주상)에 해당되며, 색계 20천이 대체로 '잠김 가리새'(아라야식)의 '생겨나는 모습'(생상)에 해당돼.

무색계는 '생겨나는 모습'(生相)이나 그 이상의 단계로 취급하지.

이제 이 26천을 수행 52단계와 비교할 수도 있어. 41단계부터 천당이 되는데 이 26천을 41단계부터 50단계까지 10단계에 배분한다는 말이지. 따라서 하나의 수행 단계에 천(天)이 서너 개씩 있는 거야. 여기서는 그중 대표되는 천을 들었지.

예를 들면 마흔일곱 번째(47) 자리는 원행지遠行地야. 여기에는 범천, 범중천, 범보천, 대범천 등 4개의 천당이 있지. 이 중 범천梵天을 대표로 들었다는 것이야. 물론 이 분류법은 사람마다 다를 수 있음을 이해하게."

*3계와 26천 정리

3界	26天
무색계(4공처)	공무변처, 식무변처, 무소유처, 비상비비상처
색계	⑤ 정범지(7천) - 무번천, 무열천, 선현천, 선견천, 색구경천, 화음천, 대자재천
	④ 4선천(3천) - 무운천, 복생천, 광과천
	③ 3선천(3천) - 소정천, 무량정천, 변정천
	② 2선천(3천) - 소광천, 무량광천, 광음천
	① 초선천(4천) - 범천, 범중천, 범보천, 대범천
욕계	② 6욕천 - 4천왕천, 도리천, 야마천, 도솔천, 화락천, 타화자재천
	① 5도 - 지옥, 아귀, 축생, 수라, 인간

*4상四相과 천天의 대비

8식	4상	4각	천
잠긴 가리새	생상	구경각	색계 20천[무색계 4처]
따짐 가리새	주상	수분각	욕계 6욕천
뜻함 가리새	이상	상사각	욕계 5도
	멸상	불각	욕계 3악도

환희지 歡喜地

"자, 이쯤 이해하고 이제 천당을 살펴보자고. 맨 아래부터 보겠네. 곧 머무는 모습(주상)에 있는 7가지 단단한 자리(41-47) 중 맨 아래 것부터 보겠다는 거야. 하늘나라(천)와 비교해 가면서.

마흔한 번째(41)는 환희지歡喜地야. 곧 기쁨의 자리지. 10가지 단단한 자리 중의 첫 번째이고.

여기서는 내 몸이 비었다는 것(인공)을 깨쳐서 아라한(나한)이 되며, 가끔은 부처의 본 모습을 보기도 해. 따라서 여기서부터를 법신보살法身菩薩이라 부르지. 진리 몸과 비슷한 보살이란 뜻이야.

애써 노력한 보람이 있어 비로소 하늘나라(천) 문턱에 들어선 거야. 그러니 어찌 기쁘지 않겠나. 따라서 기쁨의 자리(歡喜地)라 해.

그러나 아직도 멀었어. 겨우 하늘나라 문턱에 들어선 것에 불과하니까. 하늘나라로 치면 문지기에 불과해. 곧 26천의 제일 아래인 4천왕천四天王天에 해당되니까."

*10지十地의 내용: 41-50
환희지歡喜地, 이구지離垢地, 명지明地, 염지焰地, 난승지難勝地, 현전지現前地, 원행지遠行地, 부동지不動地, 묘혜지妙慧地, 법운지法雲地

3신三身

"위에서 법신보살을 말했지? 이참에 부처 몸(불신)에 대해서 살펴보고 가겠네.

흔히 부처 몸(佛身)을 법신法身, 응신應身, 화신化身 3가지로 나누기도 해. 이를 3불三佛, 3신三身, 3신불三身佛이라고 하지. 곧 부처의 몸을 본체(체)와 모습(상)과 작용(용)으로 나눈 거야.

법신法身이란 본체로 변하지 않는 본질적인 몸을 말하고, 응신應身이란 모습으로 어떤 모습을 나타낸 것을 말하며, 화신化身이란 작용으로 중생의 요구에 부응해 그때그때 나타내 보이는 모습을 말하지.

이 중 우리 같은 중생이 간절히 기원해서 볼 수 있는 것은 화신化身, 곧 변한 몸뿐이야. 그 이상은 볼 수 없지. 그러나 여기 단단한 자리(地上)의 보살들은 화신뿐만 아니라 응신應身, 곧 응한 몸도 봐. 그리고 가끔은 법신法身, 곧 진리 몸도 보지. 그래서 법신보살法身菩薩, 곧 법신과 비슷한 보살이라 추겨주는 거야.

위의 3신은 부처 한 사람을 본체(체)와 모습(상)과 작용(용)에 따라 나눈 것이지만, 때로는 3신을 3사람에 배당하기도 해. 곧 비로자나불과 노사나불과 석가모니불에 배당한다는 이야기지.

그러면 비로자나불毗盧遮那佛은 본체가 되어 청정법신淸淨法身이 되고, 노사나불盧舍那佛은 모습이 되어 원만보신圓滿報身이 되며, 석가모니불釋迦牟尼佛은 작용이 되어 백천억화신百千億化身이 돼.

또 3존三尊이란 말도 쓰는데, 이는 가운데의 본존불本尊佛과 좌우에 모셔진 보살菩薩 두 분을 말해. 여러 가지 유형이 있지만 석가 3존은 석가釋迦·문수文殊·보현普賢이고, 미타 3존은 미타彌陀·관음觀音·세지世智이며, 약사 3존은 약사藥師·일광日光·월광月光이고, 미륵 3존은 미륵彌勒·법화림法花林·대묘상大妙相이야.

이 외에도 여러 가지 분류법이 있고 여러 가지 설명법이 있지만 이 정도로 마무리하겠네."

이구지 離垢地

"자, 다음 단계를 보자고.

마흔두 번째(42)는 이구지離垢地야. 곧 때를 떠난 자리지.

때는 번뇌를 말해. 이 단계에서는 번뇌가 거의 다 없어지지. 천당의 문턱을 넘어섰으니까.

그리고 앞서 신통력을 말한 적이 있었지? 예견력이라고도 했고. 이 자리에서는 이런 것들도 결국 텅 빈 것임을 알게 돼. 그 귀한 신통력도 이 단계에서는 별것 아니지. 하늘나라로 말하면 도리천忉利天이야.

이 도리천은 신라 27대 선덕여왕善德女王이 그렇게 가고 싶어 했던 곳이야."

신통력

"이참에 신통력에 대해서 조금 이야기를 하지. 신통력神通力이 무엇일까? 예견력豫見力 아닐까? 지난 세상과 다음 세상을 볼 수 있고, 사람의 과거와 미래에 대한 길흉화복을 다소 알 수 있는⋯⋯. 어쨌든 우리 중생으로 보면 대단한 것이지.

그런데 세상일이란 선하게 쓰면 선하게 되고, 악하게 쓰면 악하게 되지. 지금 이 자리가 그런 자리야. 선하게 쓰면 참으로 선한 자리지만, 악하게 쓰면 한없이 악한 자리거든.

만약 어떤 개인이나 사회에 대하여 불행한 일을 예견하고 미리 경고하여 피하게 한다면 참으로 좋겠지. 그러나 일부 사람들은 이 단계에서 얻은 조그만 능력을 과대평가하여 악용하기도 한다는 말이야.

가령 자기가 조금 아는 예견력을 가지고 신통력을 얻었다고 과대평가하거나, 자기가 어렴풋이 본 천당을 마치 전부를 본 것처럼 착각하여 사람을 현혹시키고 호언장담하지. 그래서 잘못하면 부처나 신을 사칭하고 재물을 모으며 여자를 탐하는 거야. 이것은 말할 것도 없이 잘못된 것이고 위험한 것이지. 다음 생에 지옥에 떨어질 수도 있으니까.

그러나 더 무서운 것은 이때 귀신의 장난을 받을 수 있다는 점이야. 여기서 말하는 귀신이란 원한이 있는 원귀寃鬼를 말하는 것이 아니라 수행을 방해하는 귀신을 말해.

우리가 뜻할 가리새(의식)에서 공부를 할 때도 온갖 잡념이 생기지. 마찬가지로 따짐 가리새(말나식)에서 수행을 할 때도 온갖 잡념이 생겨. 이 잡념을 그냥 귀신이라 불러본 거야.

그러나 이 따짐 가리새(말나식)에서의 귀신은 차원이 달라. 자기도 과거·현재·미래의 길흉화복을 보며, 천당도 어렴풋이 보아서, 말이 청산유수이고 막힘이 없으며, 세상일에 모르는 것이 없어. 그리고는 수행자에게 붙어서 신통력을 더 보태주고는 자기의 종으로 삼아버리지.

또 이 단계에서는 마귀魔鬼의 장난도 나타나. 마귀가 무엇인가. 귀신의 정도가 더 심해진 것이 마귀라고 생각하자고.

마귀에는 4가지 종류가 있어. 번뇌에서 일어나는 번뇌 마귀(번뇌마), 몸뚱어리에서 일어나는 덩어리 마귀(음마), 죽음의 공포에서 일어나는 죽음 마귀(사마), 하늘에 있는 하늘 마귀(천자마)가 그것이지. 어쨌든 이 마귀의 장난도 물리쳐야 해. 물리치지 못하면 부처가 되지 못하니까.

수행자가 이 점을 깨닫지 못하거나 떨쳐버리지 못한다면 부처는 고사하고 지옥으로 떨어질 수도 있어. 따라서 처음으로 수행을 시작할 때는 반드시 객관적으로 알려진 곳에서 정식 과정을 거쳐서 수행해야 해."

*3종귀三種鬼 - 3가지 귀신. 곧 퇴척귀退惕鬼, 정미귀精媚鬼, 마라귀摩羅鬼. 퇴척귀는 공부를 방해하는 귀신이고, 정미귀는 시간대별로 찾아오는 소, 말, 돼지, 양 같은 12지신十二支神이며, 마라귀는 악마惡魔임. (『대승기신론소별기』의 설명)

*4마四魔 - 4가지 마귀. 번뇌마煩惱魔, 음마陰魔, 사마死魔, 천마天魔. 곧 번뇌에서 오는 마귀(煩惱魔), 몸에서 오는 마귀(陰魔), 죽음에서 오는 마귀(死魔), 하늘의 마귀(天魔)

명지明地 등

"마흔세 번째(43)는 명지明地야. 곧 밝음의 자리지.

무엇이 밝은가? 부처 법이 밝은 거야. 이제는 부처 법이 밝게 나타나. 이 밝은 부처 법을 보고서 슬기롭게 더 수행하는 거야. 하늘나라로 말하면 염마천閻魔天이지.

염마천을 야마천夜摩天이라고도 하는데, 쉽게 말하면 염라대왕閻羅大王이 사는 곳이야. 죄진 사람을 다스리는 우두머리니 무시무시한 자이지. 그러나 무서워할 것 없어. 따지고 보면 이 자도 부처가 되기 위해 엄청난 수행을 하는 자이니까.

직책이 단지 그런 것뿐이야. 인간세상으로 말하면 법률의 총책임자나 형벌의 총책임자라 할까. 하여튼 지레 겁먹을 필요는 없어.

마흔네 번째(44)는 염지焰地야. 곧 불꽃의 자리지.

무엇이 불꽃같은가? 슬기가 불꽃같은 거야. 슬기가 불꽃같이 피워 올라 모든 것을 다 비춰보지. 이 자리에서는 중생을 구제하기 위해 4가지 한량없는 마음(4무량심)을 베풀어.

하늘나라로 치면 도솔천兜率天이야. 이는 지족천知足天이라고도 하지. 도솔천이 어디일까? 지난 과거 세상에서 석가모니와 미륵보살이 수행하던 곳이지. 처음 두 분이 함께 수행을 했는데 미륵이 먼저 보살이 되었어. 그러나 정작 부처는 석가가 먼저 되었지. 그러자 석가가 미륵이 부처되는 것을 도와주었어.

그래서 인간을 구제하기 위해서 석가가 먼저 내려오고 미륵은 나중에 내려오게 되었지. 곧 석가는 현재불이고 미륵은 미래불이야. 미륵이 석가를 이어서 이 세상에 내려올 때 어떻게 인간을 구제할까 하고 고민하는 모습이 미륵반가사유상彌勒半跏思惟像이고.

마흔다섯 번째(45)는 난승지難勝地야. 곧 이기기 어려운 자리지.

어째서 이기기 어려운가? 너무도 뛰어나 그 무엇도 이를 이기지 못하기 때문이야. 부처가 가르친 모든 경론經論을 통달하여 어떤 말에도 거리낌이 없지. 4가지 말재주(4辨), 4가지 슬기(4智) 등 모든 것을 다 갖춰. 하늘나라로 치면 화락천化樂天이야. 내가 즐거운 하늘이란 뜻이지. 나를 자유롭게 하는 하늘이라 할 수도 있고.

마흔여섯 번째(46)는 현전지現前地야. 곧 눈앞에 나타나는 자리지.

무엇이 나타나는가? 욕계·색계·무색계의 3세계가 하나로 합쳐져 다르지 않다는 것, 곧 3세계가 결국 하나라는 것이 나타나. 다시 말하면 텅 빈 것(공)에 점점 가까워진다는 뜻이지.

하늘나라로 치면 타화자재천他化自在天이야. 남도 자유롭게 할 수 있는 하늘이란 뜻이지. 3계가 같아지기 때문에 나와 남이란 구분이 모호해지거든.

마흔일곱 번째(47)는 원행지遠行地야. 곧 멀리 가는 자리지.

어디에서 멀리 가는가? 나고 죽는 것(생사)에서 멀리 가는 거야. 곧 '거듭 남'(윤회)을 멀리 떠나는 자리지. 달리 말하면 '생김이 없

*4무량심四無量心 – 4가지 한량없는 마음. 중생을 포용하는 자비희사慈悲喜捨, 곧 사랑하고(자), 고통을 들어주고(비), 함께 기뻐해주고(희), 베풀어주는 것(사).
*4변四辯 – 4가지 말 잘함. 4무애지4無碍智, 4무애변4無碍辯, 4무애해4無碍解라고도 함. 곧 법무애(法無碍; 법에 거리낌이 없음), 의무애(義無碍; 뜻에 거리낌이 없음), 사무애(辭無碍; 말에 거리낌이 없음), 요설무애(樂說無碍; 즐겁게 이야기함에 거리낌이 없음).
*4지四智 – 부처의 슬기를 4가지로 나눈 것. 곧 성소작지(成所作智; 지을 것을 이루는 슬기), 묘관찰지(妙觀察智; 묘하게 살피는 슬기), 평등성지(平等性智; 바탕을 고르게 보는 슬기), 대원성지(大圓鏡智; 큰 둥근 거울 같은 슬기).

는 자리'(無生地)라 할 수도 있고.

나고 죽는 것을 멀리 떠난다는 말은 3계에서 몸이 남아 있는 상태로서는 마지막 단계라는 말이야. 이 다음 단계부터는 몸이라는 것이 존재하지 않아. 마음만 남아 있지. 그러니 몸이 생긴다 죽는다 하는 것은 여기서 끝나.

생김이 없는 자리(무생지)라는 말은 이 단계에서 3계, 곧 욕계·색계·무색계에 대한 모습이 모두 끊기기 때문이야. 모습 없는 상태를 터득한다는 말이지. 하늘로 치면 범천(梵天, 초선천)이야."

2종생사 二種生死

"앞에서 '거듭 남'(윤회)을 이야기했는데, 자세히 말하면 이 거듭 남에도 두 가지가 있어. '몸이 나고 죽는 것'(분단생사)과 '마음이 나고 죽는 것'(변역생사)이지. 이를 '두 가지 나고 죽는 것'(二種生死)이라 해.

'몸이 나고 죽는 것'(分斷生死)이란 몸과 마음이 합쳐져서 나고 죽는 것을 말하고, '마음이 나고 죽는 것'(變易生死)이란 몸은 없어지고 마음만 남아서 나고 죽는 것을 말하지.

몸과 마음이 모두 남아 있다는 것은 온전하지 못하다는 뜻이고, 몸은 없어지고 마음만 남아 있다는 것은 비교적 온전하다는 뜻이야.

여기서 몸이 있다는 것은 물질적인 몸은 없으나 빛깔(色)이나 기氣나 에너지나 그 외에 어떤 형태로든지 몸이 있다는 뜻이지. 몸이 없다는 것은 이와 같은 것도 없는 것이니 공空에 가깝다는 뜻이고.

'머무는 모습'(住相)에서는 '몸이 나고 죽는 것'(分斷生死)이 완전히 끝나. 단지 '마음만 나고 죽을 뿐'(變易生死)이지. 이것은 다음에 말하는 '생겨나는 모습'(生相)에서 끊어져. 곧 더 닦아야 끊어지지."

*2종생사二種生死 – 2가지 나고 죽는 것. 분단생사分段生死와 변역생사變易生死를 말함. 분단생사는 몸이 나고 죽는 것이고, 변역생사는 마음이 나고 죽는 것임.

생상生相

할아버지는 말씀을 계속했다.

"자, 다음에는 '생각나는 모습'(생상)을 보겠네. 곧 10단단함(十地, 41-50) 중 뒤의 3가지(48-50)를 본다는 말이야.

여기까지 온 이상 이제는 반드시 깨쳐야지. 다 와서 물러설 수는 없잖아. 그 떨치기 힘든 '뜻할 가리새'(의식)도 떨쳐냈고, 깨뜨리기 힘든 '따짐 가리새'(말나식)도 깨뜨려서, 그 속에 숨어 있는 '잠긴 가리새'(아라야식)까지 왔으니까.

그러나 만만치가 않아. 이제는 정말로 속에 꼭꼭 숨어 있는 '잠긴 가리새'를 깨부숴야 하니까. 그래야 '여래 될 바탕'(여래장)을 지나 '참된 것'(진여)에 들어갈 수 있거든. 따라서 더 노력해야지. 말 그대로 죽기 살기로 해야지. 산에 오를 때 위로 올라가면 올라갈수록 더 힘이 드는 것과 같아.

이 단계의 특징을 몇 가지 정리해 보겠네. 역시 앞의 '머무는 모습'(주상)과 비교해서 하는 말이지.

첫째는 '밝지 못한 것'(무명)을 깨부수는 거야. 사람과 만물이 생기게 하는 근본이 바로 이 놈이지. 이놈이 사람에게 작용하면 '잠긴 가리새'(아라야식)가 되고, 만물에 작용하면 우주의 시작이 되거든. 따라서 이놈을 깨부순다는 것은 나의 윤회를 깨부순다는 뜻이고, 우주의 순환을 깨부순다는 뜻이지. 그래야 '거듭 남'(윤회)을 끊고 우주를 관조하거든.

둘째, 이 단계에서는 우주 만물, 곧 일체 모든 존재가 빈 것임을 터득하는 것이야. 이를 법공(法空)이라 하지. 여기서 법이란 일체 모든 만물, 일체 모든 존재란 뜻이니까, 인공(人空)에 대응하는 말이지.

셋째, 역시 천당을 보는 것이야. 물론 앞의 머무는 자리에서도 천당을 보았지. 하지만 여기서 보는 천당은 단계가 훨씬 더 높아.

진짜 천당이라 할 수 있지.

　넷째, 여기서는 일체의 나고 죽음을 벗어나. 곧 모든 '거듭 남'(윤회)을 벗어나지. 앞에서 '몸이 나고 죽는 것'(分斷生死)과 '마음이 나고 죽는 것'(變易生死)을 이야기했어. 이 중 '몸이 나고 죽는 것'은 '머무는 모습'(주상)에서 끊어졌지. 그러나 '마음이 나고 죽는 것'은 남아 있었어. 이제 여기서는 이것도 끊어져. 따라서 모든 '나고 죽음'(생사)과 모든 '거듭 남'을 벗어나. '두 가지 나고 죽음'(二種生死)을 모두 벗어나지."

*주상住相과 생상生相의 비교
　주상 - 따짐 가리새, 인공 얼음, 10지地 중 41-47, 분단생사
　생상 - 잠김 가리새, 법공 얼음, 10지地 중 48-50, 변역생사

법공法空

　"법法이 무엇인가. 법法, 법성法性, 법신法身, 법문法門 등을 말하는데……"

　할아버지가 잠시 분위기를 바꿨다. 그러다 계속했다.

"이 법法은 원래 고대 인도어 달마達磨를 한자로 옮긴 말이야. 따라서 한자 法을 풀이해서는 본뜻을 알 수가 없어. 한자는 소리를 나타내는 기호에 불과하니까.

본디 달마達磨란 말에는 여러 가지 뜻이 있는데, 그중 몇 가지만 보겠네. 하나는 우주 삼라만상의 일체 만물, 곧 일체 존재存在란 뜻이고, 둘은 진리眞理라는 뜻이며, 셋은 부처의 가르침(佛教)이란 뜻이야.

석가는 처음 수행을 할 때 우리 인간(人)만을 놓고 사색한 것이 아니야. 우주 전체(法)를 놓고 사색했지. 이 점이 다른 분들의 사색과 크게 다른 점이야. 다른 분들은 우주 전체는 신에게 돌리고 인간만을 사색했거든. 따라서 신과 인간이라는 분리되는 개념을 만들었지.

그러나 석가는 그러지 않았어. 우주와 인간을 한꺼번에 놓고 사색했지. 그리하여 거기서 공통된 진리를 알아냈으며, 그런 뒤 그 진리를 가르친 거야. 따라서 하나의 공통된 이론을 만들었지.

이 공통된 진리가 무엇일까? 바로 텅 비었다(空)는 것이야. 인간도 본질은 텅 비었고 우주도 본질은 텅 비어서 결국 모든 것이 다 텅 비었다는 것, 이른바 일체개공一切皆空이야. 따라서 구태여 신이란 별도의 개념을 만들 필요가 없었지.

그래서 달마達磨, 곧 법法이란 말에는 3가지 중요한 뜻이 있는 거야. 다시 말하자면, 하나는 우주 삼라만상에 존재하는 모든 것,

또는 우주 삼라만상 그 자체란 뜻이야. 우리말로는 있는 것(有) 또는 존재存在라 옮길까. 둘은 진리眞理라는 뜻이지. 곧 석가가 우주 삼라만상에 대해서 알아낸 진리를 말해. 셋은 가르침(佛敎)이란 뜻이야. 석가는 자기가 알아낸 진리를 있는 그대로 사람들에게 가르쳤거든. 따라서 이 3가지는 같은 뜻이야.

앞의 머무는 모습(주상)에서는 내가 텅 빈 것임을 깨쳐서 인공人空이라 했지. 여기 생겨나는 모습(생상)에서는 일체 모든 존재가 텅 빈 것임을 깨쳐서 법공法空이라 해. 또 이 둘을 합쳐서 2공二空이라 하고.

사실 사람(人)도 일체 모든 존재(法)에 포함돼. 하지만 사람 스스로가 별다르다고 생각해서 별도로 구분했어. 어쨌든 인공人空은 법공法空에 포함된다고 할 수 있지."

부동지不動地 등

"이제 생기는 모습(생상)에 있는 3자리(48-50)를 나눠서 살펴보자고. 아래 것부터 보겠네.

마흔여덟 번째(48)는 부동지不動地야. 곧 움직이지 않는 자리지.

무엇이 움직이지 않는가. 몸이 움직이지 않는 거야. 몸이란 것이 없으니 몸의 움직임이란 것이 있을 수가 없지. 마음만 나고 죽을

뿐이니까. 따라서 여기서부터를 '마음이 나고 죽는 것'(변역생사)이
라 해.

또 3계에 대한 모든 업이 끊겨서 늘상 자유로워. 그리고 여기부
터는 구태여 노력할 필요가 없어. 수행이 저절로 이루어지거든. 자
동적이지. 하늘로 치면 광음천(光音天, 2선천)이야.

마흔아홉 번째(49)는 묘혜지妙慧地야. 곧 묘한 슬기의 자리지.

왜 묘한 슬기라 할까. 이 자리에서는 묘한 슬기가 피어나 어떤
것에도 막힘이 없어. 또한 이 자리에서는 그렇게도 골치 아픈 밝지
못한 것(무명)도 거의 다 없어져. 마음이 그야말로 깨끗하고 자유
로운 상태지. 하늘로 치면 정천(淨天, 4선천)이야.

쉰 번째(50)는 법운지法雲地야. 곧 진리가 구름같이 펼쳐지는 자
리지.

구름이 뭘까. 하늘에 가득히 펼쳐진 것이 구름이지. 무엇이 구름
같을까. 진리가 구름같은 거야. 곧 진리가 구름과 같이 두루 펼쳐
졌다는 뜻이지.

여기서는 밝지 못한 것(무명) 등 거친 장애는 다 없어져. 오직 공
덕功德만이 가득해. 가운데 길 첫째가는 진리(第一義諦)도 터득하여
진리세계와 거의 하나가 돼.

앞서 '마음이 나고 죽는다'(변역생사)고 했는데 여기서는 그것도
끊겨. '거듭 남'(윤회)이 완전히 끝난다는 이야기지. '밝지 못한 것'
(무명)의 거친 모습이 활동하지 못하니 '잠긴 가리새'(아라야식)가

있을 수가 없고, '생겨나는 모습'(생상)도 있을 수가 없어. 모든 것이 자유로워. 하늘로 치면 대자재천大自在天이야. 말 그대로 자유자재한 하늘나라란 뜻이지.

　이상이 '생겨나는 모습'(生相)이야."

*10지十地와 천天의 대비

구분	주상							생상		
지地	41	42	43	44	45	46	47	48	49	50
이름	환희	이구	명지	염지	난승	현전	원행	부동	묘해	법운
천天	4천	도리	염마	도솔	화락	타화	범천	광음	정천	자재

연화장蓮華藏

"대자대천大自在天은 마혜수라천摩醯首羅天이라고도 해. 색계色界에서 가장 자유롭고 아름다운 곳이지.

　그리고 우리는 극락極樂이란 말도 써. 죽어서 좋은 곳에 가서 태어나라는 뜻으로 극락왕생極樂往生하라고 하지. 사바세계娑婆世界

에 태어나지 말고, 지극히 즐거운 땅에 태어나라고.

또 우리는 서방정토西方淨土란 말도 써. 죽어서 좋은 곳에 가서 태어나라는 뜻으로 서방정토에 태어나라고 하지. 더러운 땅(예토)에 태어나지 말고, 서방 어딘가에 있는 깨끗한 땅(정토)에 태어나라고.

또 우리는 연화장蓮華藏이란 말도 써. 죽어서 좋은 곳에 가라는 뜻으로 연화장세계에 가라고 하지. 연꽃같이 화려하고 장엄한 세계로.

그러면 이들이 어디에 있을까. 모두 연화장 안에 있어. 다시 말하면 대자재천, 극락, 서방정토 등등이 모여서 장엄한 연화장세계를 이루는 거야. 연화장은 모든 극락들을 통칭하는 말이지.

또 이는 이 우주에는 우리 인간 외에도 갖가지 형태의 중생이 있고, 그들도 그들 나름대로 부처를 모시고 있으며, 그들도 도를 닦아 대자재천이나 극락세계나 서방정토에 이른다는 뜻도 되지.

곧 우리의 인간 세상에는 석가모니 부처가 있고, 서방 극락정토에는 아미타 부처가 있으며, 유리광정토에는 약사여래가 있는 식이지.

비록 석가모니 부처가 대자재천을 주로 다스리고, 아미타 부처가 서방 극락정토를 주로 다스리며, 약사여래가 유리광정토를 주로 다스리지만, 이들은 같은 경지이고 같은 위치야. 왜냐, 모든 부처는 본디 모두 같은 분이고, 이 모든 땅들은 모두 연화장에 포함되니까.

어쨌든 우리 인간도 우주 전체로 볼 때는 대단히 고귀한 존재이고, 우리에게 오신 석가모니 부처도 정말로 대단한 분이며, 우리 세계의 최고 천당인 대자재천도 정말 대단한 곳이야."

저승

"또 우리는 죽어서 저승으로 간다고 해. 죽어서 가는 아름다운 곳, 저승은 우리 문화에 나타나는 고유한 말이야. 이 저승은 어디일까?

물론 앞서 말한 도리천, 야마천, 도솔천 같은 하늘나라도 되겠지만, 저승의 최고 자리는 바로 이 연화장이야. 곧 우리의 저승은 연화장과 모든 하늘을 포함하는 통합적 개념이지. 이는 우리 민족이 이루어낸 문화가 세계 어느 문화에도 뒤지지 않는 위대한 문화임을 뜻해.

원래 우리말에는 지옥地獄이니 아귀餓鬼니 마귀魔鬼니 하는 말이 없어. 모두 외래에서 들어온 말이지.

이는 하늘나라에서 잠시 내려와 한바탕 살다가 때가 되면 둘둘 말아 젖히고서 미련 없이 되돌아가는 것이, 우리 문화에서의 '한 세상살이'이기 때문이야. 그러니 지옥이니 아귀니 마귀니 하는 말이 끼어들 틈이 없지.

　나중에 세상살이가 복잡해지고 그에 따라 나쁜 짓들을 하다 보니까 부득이 외래에서 이와 같은 말들을 빌려온 거야. 따라서 우리 문화 속에 사는 사람들은 이런 말들을 알 필요가 없어. 살만큼 살다가 때가 되면 미련 없이 돌아가면 되니까.”

방편지 方便智

　잠시 뜸을 들이다 할아버지가 말을 이었다.

　“자, 그건 그렇고. 이제 부처의 깨침에 들어가야지.

　그러면 이 장엄한 연화장세계에 들어가면 끝인가? 아니야. 아직도 무엇인가 남아 있어. 장엄한 그 무엇이 남아 있거든. 연화장이란 말 자체가 이미 무엇인가 있다는 뜻이니까. 따라서 당연히 이것도 뛰어넘어야지. 우리 인간이 그렇게 가고 싶어 하는 천당, 그것도 최고의 천당, 연화장도 온전한 것이 아니라네.

　그러면 이제 뛰어넘은 이 자리가 어디일까? 바로 무색계無色界의 4공처四空處야. 빈 것이 끝이 없는 곳(空無邊處), 느낌이 끝이 없는 곳(識無邊處), 있는 것이 도무지 없는 곳(無所有處), 생각도 아니고 생각이 아닌 것도 아닌 곳(非想非非想處). 곧 보살, 연각, 성문과 부처만이 노닐 수 있는 곳이지.

그러면 이 4공처에 들어가면 끝인가? 아니야. 아직도 무엇인가 남아 있어. 장소라는 것이 남아 있고, 느낌이라는 것이 남아 있으며, 있다는 것이 남아 있고, 생각이 남아 있어. 이것들도 당연히 뛰어넘어야지.

또 '잠긴 가리새'(아라야식)를 끊어서 '거듭 남'(윤회)을 끊었다면 끝인가? 아니야. 아직도 무엇인가 남아 있어. 곧 '밝지 못한 것'(무명)의 기운이 남아 있는 거야. '밝지 못한 것'의 거친 모습은 이미 끊어졌지만 이것의 기운은 남아 있다는 이야기지. 당연히 이것도 끊어 없애야 해.

무엇인가 남아 있다는 것은 움직일 수 있다는 것이고, 움직일 수 있다는 것은 존재를 인식할 수 있다는 것이며, 존재를 인식하게 되면 나를 인식하게 되고, 나를 인식하게 되면 집착하게 되며, 집착하게 되면 '거듭 남'(윤회)이 시작될 수 있으니까.

부처는 일체 삼라만상이 비었음(공)을 깨쳐서 '밝지 못한 것'(무명)의 기운도 끊고 자유자재해야 하니까. 연화장에 들어갔다거나 무색계에 이르렀다거나 '거듭 남'을 끊은 것만으로는 부족해. 더 수행해야지.

바로 그 다음 단계가 부처야. 그러나 이 부처의 깨침에도 두 가지가 있어. 방편적 깨침(방편지)과 묘한 깨침(묘각지)이 그것이지. 이 단계에서는 자리(地)라는 말을 쓰지 않아. 자리(地)라는 개념도 없기 때문이지. 또 여기서는 슬기(智)와 깨침(覺)이 같은 뜻이야.

방편적 깨침(方便智)이란 임시방편으로 깨쳤다는 말이야. 아직도 부족한 점이 남아 있다는 말이지. 곧 더 깨칠 것이 남아 있다는 말이야.

그러면 무엇이 남아 있을까? 바로 위에서 말한 기운이야. 습기習氣라고도 하지. 배어든 기운, 배어든 버릇이라 옮길 수 있을까. 나도 모르게 마음 저 밑바닥에 '밝지 못한 것'(無明)에 의해서 배어든 기운, 업보業報에 의하여 배어든 기운, 다시 말하면 '밝지 못한 것'의 그림자(影), 업보의 그림자가 남아 있는 거야.

이제 이것마저 끊어 내야 해. 그래야 밝지 못한 것이 말 그대로 뿌리 채 없어지지. 그래서 이 자리를 방편적 깨침(方便智)이라 해. 달리 조적照寂이라 하기도 하고.

이 단계를 구태여 말한다면 '여래 될 바탕'(여래장)이라 할 수도 있어. 하늘로 치면 욕계·색계·무색계, 곧 3계를 모두 다스리는 3계의 왕(三界王)이지. 52단계 중에서는 51번째이고."

열반4덕

"열반3사涅槃三事니 열반4덕涅槃四德이니 하는 말을 써. 열반에 있는 3가지 일, 열반에 있는 4가지 덕이란 뜻이지.

열반이 무엇인가? 이는 인도말 니르바나를 한자로 옮긴 것이야.

따라서 한자는 아무 뜻이 없어. 기호에 불과하니까.

흔히 죽음을 열반이라 하지. 이는 죽음으로서 세상만사 모든 것을 다 끊으니까 알기 쉽게 그렇게 말한 거야. 그러나 그것보다 더 깊은 뜻이 있어. 일체 모든 것을 벗어난 고요함(涅槃寂靜)이지.

이는 살아서도 이렇게 될 수 있어. 꼭 죽어야만 되는 것이 아니야. 따라서 열반이란 살았는가 죽었는가를 불문하고 생사 자체를 뛰어넘은 경지를 말하지. 원효대사는 이를 대멸도大滅度, 곧 '크게 없어져 건너감'이라 옮겼어.

열반3사는 반야, 해탈, 법신이야. 반야般若는 슬기인데 깨치는 슬기를 말하고, 해탈解脫은 벗어남인데 '거듭 남'을 벗어나는 것이며, 법신法身은 진리 몸인데 부처의 본체를 말해. 곧 뛰어난 슬기로 모든 것을 벗어나서 부처의 본체를 이루는 것이야. 이 3가지가 열반의 구성요소지.

열반4덕은 한결같음, 즐거움, 참됨, 맑음(상락아정)이야. 한결같다는 것(常)은 기복이 없이 언제나 늘상하다는 것이고, 즐겁다는 것(樂)은 희로애락이 없이 언제나 즐겁다는 것이며, 참되다는 것(我)은 거짓이 없이 언제나 진실하다는 것이고, 맑다는 것(淨)은 때가 없이 언제나 맑고 깨끗하다는 것이야. 이 4가지가 열반의 본질이지. 이는 열반3사로 얻는 결과야.

이 단계는 앞서 말한 연화장이나 무색계보다도 높아. 연화장은 기복起伏이 있을 수 있고 무색계도 무엇인가 있지만은 이 자리는 그런 것도 없거든. 텅 빈 것(공)에 아주 가까운 자리니까. 이것이 방편적 깨침(方便智)의 모습이라 할 수 있어.

조선시대의 화담 서경덕 선생은 이기론理氣論에서 청일담허淸一湛虛란 말을 쓰고 있어. 깨끗하고, 한결같고, 즐겁고, 빈 것이란 뜻이지. 이는 상락아정常樂我淨과 같은 뜻이라 할 수 있어. 순서만 바뀌었을 뿐이지. 이는 곧 우리 선조들이 생각해낸 정신세계가 불교의 그것과 비슷함을 뜻해."

* 열반3사涅槃三事 - 열반의 3가지 일. 곧 반야般若, 해탈解脫, 법신法身.
* 열반4덕涅槃四德 - 열반에 있는 4가지 덕. 상락아정常樂我淨. 곧 한결같음, 즐거움, 나 없음, 깨끗함.
* 서경덕 이기론理氣論 - 청일담허淸一湛虛. 곧 깨끗함, 한결같음, 즐거움, 텅 빔.

묘각지 妙覺智

"다음 묘한 깨침(妙覺智)을 보자고. 이는 말 그대로 묘한 데까지 깨쳤다는 뜻이야. 모든 것을 끝까지 다 깨쳐 더 이상 깨칠 것이 없어. 사람(人)과 우주(法)에 대하여 전혀 막힘이 없지. 명실상부한 부처야.

따라서 여기에는 남아 있는 것이 없어. 앞서 말한 기운氣運이니 습기濕氣니 그림자(影)니 하는 것도 전혀 없어. 그 골치 아픈 '밝지 못한 것'(무명)도 여기서는 흔적도 없이 사라져. 내가 사라지고 우주가 사라지는데 이런 것들이 어디 있겠나.

부처 마음(佛心)이 진리 세계(法界) 그 자체야. 내가 진리이고 내가 우주야. 더 이상 뭐라고 표현할 수가 없어. 그래서 묘하다, 불가사의하다고 하는 거야. 이를 묘한 깨침(妙覺智)이라고 해. 달리 적조寂照라고도 하고.

이 단계를 구태여 말한다면 참된 것(진여) 또는 텅 빈 것(공)라 할 수 있어. 참된 것(眞如)이란, 말 그대로 참되어서 더 이상 뭐라고 말할 수 없다는 것이고, 텅 빈 것(空)도 말 그대로 텅 비어서 아무

*불지佛智, 곧 51단계와 52단계의 비교

51단계	여래장	3계왕3界王, 방편적 깨침(方便智) = 조적照寂
52단계	진여, 공	법계왕法界王, 묘한 깨침(妙覺智) = 적조寂照

것도 없다는 말이야.

하늘로 치면 진리 세계 전체를 다스리는 진리 세계의 왕(法界王)이지. 52단계 중에서는 맨 마지막 52번째이고. 더 이상은 없어."

조적照寂과 적조寂照

"위에서 방편적 깨침을 조적照寂이라 하고, 묘한 깨침을 적조寂照라 했어. 같은 말을 순서만 바꾸어 놓았지. 그런데 뜻은 사뭇 달라. 예를 들어보지.

'달이 일천 강一千江을 비춘다'와 '달이 일천 강一千江에 비친다', 이 둘은 어떻게 다를까?

앞의 글에서는 달이 주어이고 일천 강이 목적어여서 주어와 목적어가 서로 나누어져. 주체主體와 객체客體로 나눠지지. 곧 나와 바깥이 구분되는 거야.

그러나 뒤의 글에서는 그렇지가 않아. 달과 일천 강이 한데 어우러져서 주어와 목적어가 나눠지지 않아. 주체와 객체로 나눠지지 않지. 곧 나와 바깥이 구분되지 않는 거야.

당연히 앞의 글은 나와 남이 구분되어 둘이 되니 아직도 미비한 상태이고, 뒤의 글은 나와 남이 동화되어 하나가 되니 온전한 상태지.

물론 더 온전한 상태는 말을 하지 않는 거야. 말로 표현할 수 없는 상태이니까. 그런데 말을 하지 않으면 우리 같은 중생은 알아들을 수가 없어. 따라서 어쩔 수 없이 말을 하는 거야. 이를 말할 수 없는 것을 말한다(不可說, 可說)고 하지.

위에서 조적照寂이란 '고요함을 비춰본다'는 뜻이고, 적조寂照란 '고요함이 비친다'는 뜻이야. 앞의 것은 주어와 목적어가 나뉘져서 주체와 객체가 구분되나, 뒤의 것은 주어와 목적어가 나뉘지지 않아서 주체와 객체가 구분되지 않지. 곧 조적은 조금 덜 깨친 상태고, 적조는 다 깨친 상태야."

무너짐

"묘한 깨침(妙覺智)에서는 사람과 우주(人法)에 대하여 어떤 막힘도 없다고 했는데, 그것은 왜 그럴까. 바로 텅 비었기 때문이야. 일체 삼라만상 모두 본디 텅 빈 것이니까. 이 텅 빈 것에 이르렀기 때문에 막힘도 없고, 거리낌도 없는 거야.

앞에서 나다 너다 했는데, 그것은 실제로 있는 것일까? 아니야, 없는 것이야. 본질은 공이니까.

앞에서 무명이다 업보다 했는데, 그것은 실제로 있는 것일까? 아니야, 없는 것이야. 본질은 공이니까.

앞에서 하늘이다 우주다 했는데, 그것은 실제로 있는 것일까? 아니야, 없는 것이야. 본질은 공이니까.

앞에서 지옥이다 아귀다 했는데, 그것은 실제로 있는 것일까? 아니야, 없는 것이야. 본질은 공이니까.

앞에서 도리천이다 도솔천이다 했는데, 그것은 실제로 있는 것일까? 아니야, 없는 것이야. 본질은 공이니까.

그러면 죽어서 그렇게 가고 싶어 하는 연화장이다 극락이다 하는 것도 실제로 있는 것일까? 아니야, 없는 것이야. 본질은 공이니까.

일체 삼라만상이 텅 빈 것이야. 그래서 부처는 말했지.

'일체 모든 것이 텅 빈 것이다.(一切皆空)'

또 말했지.

'만약 연화장이 있고 극락이 있다고 한다면,
나는 또 다시 그것도 허깨비 같고 꿈만 같다고 말할 것이다.'
(若當有法勝涅槃者 我說亦復如幻如夢)

또 말했지.

'지옥과 아귀가 무너지고 삼천대천세계도 무너진다.'

부처는 우리 몸과 우주가 텅 빈 것만을 이야기한 것이 아니라, 연화장이다 지옥이다 하는 것도 텅 빈 것임을 말씀하셨어. 일단 절대 공絕對空에 들어가기만 하면, 우리 몸과 우주는 말할 것도 없고, 연화장이다 지옥이다 하는 것도 모두 텅 비어지니까.

실감나게 이야기하자면, 무너지는 거야. 그렇게 가고 싶어 하는 연화장과 극락, 생각만 해도 끔찍한 지옥과 아귀, 3계三界와 10계十界, 3세三世와 10세十世가 다 무너지는 거야. 공간과 시간적으로.

이를 삼천대천세계가 무너진다고 하는 거야. 본질은 텅 빈 것들이니까. 이 자리가 바로 진실로 깨친 자리야."

지옥

할아버지가 잠시 멈추자 누군가가 물었다.

"지옥地獄도 무너진다고요."

"그렇지. 무너지지. 그 무시무시한 지옥도 무너져."

"그러면 죄를 지어도 괜찮겠네요. 지옥도 무너지니까."

"그렇다면 얼마나 좋겠어. 그러나 그렇지 못하니까 문제지."

"어째서요." 누군가가 반문하자 할아버지가 잠시 뜸을 들였다. 그러다 말을 이었다.

"예를 들어 보겠네.

이야기했듯이 우리 몸은 갖가지 원소들로 이루어져 있어. 그러면 우리 몸은 진짜일까 가짜일까. 물론 가짜겠지. 본질은 빈 것이니까. 그러나 가짜로는 있는 거야.

만약 우리 몸에 병이 있다면 그 병은 진짜일까 가짜일까. 물론 가짜겠지. 본질은 빈 것이니까. 그러나 가짜로는 있는 거야.

그러면 그 병은 고통스러울까 고통스럽지 않을까? 물론 고통스럽지 않겠지. 본질은 빈 것이니까. 그러나 가짜로는 고통스러워. 따라서 우리는 죽기 전까지는 병에 시달리는 거야.

죄도 마찬가지야. 죄는 진짜일까 가짜일까? 물론 가짜겠지. 본질은 빈 것이니까. 그러나 가짜로는 있는 거야.

그러면 죄의 대가인 지옥은 진짜일까 가짜일까? 물론 가짜겠지. 본질은 빈 것이니까. 그러나 가짜로는 있는 거야.

그러면 지옥의 고통은 진짜일까 가짜일까? 물론 가짜겠지. 본질은 빈 것이니까. 그러나 가짜로는 고통스러워.

따라서 깨치기 전까지는, 지옥의 고통에 시달리는 거야. 가짜 몸이 있는 이상, 가짜 병이 있어서, 가짜 고통에 시달리듯이, 가짜 죄가 있는 이상, 가짜 지옥도 있어서, 가짜 고통에 시달리지. 가짜 병의 고통이 만만치 않듯이, 가짜 지옥의 고통도 만만치가 않아. 따라서 절대로 죄를 지어서는 안 돼."

수행

수행할 대상

"듣고 보니 무섭네요. 그러면 어떻게 하면 됩니까."

"수행할 대상과 방법을 묻는 것 같은데 뭐 별것 아니네. 죄를 짓지 않고 성실히 살면 되니까."

"그렇다면 정말 별것 아니네요."

"그렇지."

조금은 심각한 듯한 질문에 할아버지가 대수롭지 않게 답했다.

"수행할 대상이란 앞서 말한 속내들을 말하지. 곧 뜻할 가리새(의식)에 있는 7가지 악(7惡)과 6가지 번뇌(6煩惱), 따짐 가리새(말나식)에 있는 4가지 나라는 것(4我), 잠긴 가리새(아라야식)에 있는 밝지 못한 것(無明)이야. 이것을 다스리는 것이지.

앞서 이야기했지만 다시 살펴보겠네.

'뜻할 가리새'에 있는 7가지 악이란 죽이고(殺生), 도둑질하고(偸盜), 음란하고(邪淫), 속이고(妄語), 이간질하고(兩舌), 자랑하고(綺語), 악담하는 것(惡口)이야. 이를 몸이 짓는 것 3, 입이 짓는 것 4, 흔히 신3구4身三口四라 하지.

사실 이것은 수행이라 할 수가 없네. 이야기할 것도 없잖나. 다만 순서를 따지자니 이야기한 것일 뿐이야.

다음 '뜻할 가리새'에 있는 6가지 번뇌란 탐내고, 성내고, 어리석고, 교만하고, 의심하고, 잘못 생각하는 것(탐진치만의견)이지. 이른바 욕심이야. 이 6가지를 근본번뇌根本煩惱라 하는데, 모든 번뇌의 근본이 되기 때문이지. 이를 세분하면 51가지, 108가지, 128가지 등등이 돼. 이것도 다스려야지.

사실 여기서부터를 진짜 수행이라 할 수 있어. 닦기가 조금 어려우니까.

다음 '따짐 가리새'(말나식)에 있는 4가지 나라는 것(4我)이란 나를 사랑하는 것(아애), 나에 대한 교만함(아만), 내가 생각하는 견해(아견), 나라는 어리석음(아치)이지. 합쳐서 나를 이루는 것이고. 이놈도 당연히 다스려야지. 그래야 '내가 빈 것임'(人空)을 얻으니까.

여기서부터는 전문적인 수행에 속해. 누구나 할 수 있는 것이 아니야. 앞의 것과는 차원이 달라.

마지막에는 '잠긴 가리새'(아라야식)에 있는 '밝지 못한 것'(무명)

을 다스리는 것이지. 모든 존재의 원인을 만드는 놈이니까. 그래야 '우주가 빈 것임'(法空)을 얻으니까.

이것은 고도의 수행자만이 할 수 있어. 웬만한 수행으로는 여기까지 오지 못해. 일생을 건 수행으로만 가능해."

10악참회 十惡懺悔

"그러면 어떻게 닦는가?

처음에는 당연히 7가지 악(七惡)을 짓지 않는 거야. 죽이지 아니하고(不殺生), 도둑질하지 아니하며(不偸盜), 음란하지 아니하고(不邪淫), 속이지 아니하며(不妄語), 이간질하지 아니하고(不兩舌), 자랑하지 아니하며(不綺語), 악담하지 않는 거야(不惡口).

일단 이 7가지 악만 짓지 않으면 삼악도三惡道에 떨어지지는 않아. 축생, 아귀, 지옥에는 떨어지지 않는다는 말이지.

흔히 7악이란 말 대신 10악이란 말을 즐겨 써. 곧 위의 7악에 탐진치貪瞋癡를 더한 것이지. 탐貪이란 탐욕貪慾인데 개염이고, 진瞋이란 진에瞋恚인데 성냄이며, 치癡란 우치愚癡인데 어리석음이야. 6번뇌 중 앞의 3가지를 가져온 것이지. 10개로 맞추려고. 이의 반대가 탐내지 않고(不貪慾), 성내지 않으며(不瞋恚), 어리석지 않는 것(不愚癡)이야.

이를 7선七善 또는 10선十善이라 해. 구태여 말한다면 여기서는 7선이나 10선을 닦지.

그런데 만약 과거에 이런 일을 지었다면 어떻게 해야 할까. 반드시 해결하고 가야 해. 해결하지 않고 그냥 가면 다음 생애가 당장 위험해지거든.

그러면 어떻게 해결하는가? 앞서 이야기한 것처럼 뉘우치는 거야. 뉘우침만이 해결할 수 있지."

그러면서 할아버지가 뉘우침의 노래를 불렀다.

10악 참회

살인 살생 중한 죄, 지금 빌며 뉘우칩니다.

도둑 강도 중한 죄, 지금 빌며 뉘우칩니다.

사음 간음 중한 죄, 지금 빌며 뉘우칩니다.

사기 사술 중한 죄, 지금 빌며 뉘우칩니다.

뽐냄 자랑 중한 죄, 지금 빌며 뉘우칩니다.

이간 분열 중한 죄, 지금 빌며 뉘우칩니다.

악담 험담 중한 죄, 지금 빌며 뉘우칩니다.

탐냄 개염 중한 죄, 지금 빌며 뉘우칩니다.

성냄 원한 중한 죄, 지금 빌며 뉘우칩니다.

어리석음 중한 죄, 지금 빌며 뉘우칩니다.

殺生重罪今日懺悔	살생중죄금일참회
偸盜重罪今日懺悔	투도중죄금일참회
邪淫重罪今日懺悔	사음중죄금일참회
妄語重罪今日懺悔	망어중죄금일참회
綺語重罪今日懺悔	기어중죄금일참회
兩舌重罪今日懺悔	양설중죄금일참회
惡口重罪今日懺悔	악구중죄금일참회
貪愛重罪今日懺悔	탐애중죄금일참회
瞋恚重罪今日懺悔	진에중죄금일참회
癡暗重罪今日懺悔	치암중죄금일참회

"여기서 중한 죄라고 한 것은 결코 가볍지 않다는 뜻이지. 따라서 어떻게든지 해결해야 된다는 뜻이야.

지금이라고 한 것은 머뭇거릴 시간이 없다는 뜻이야. 하루 이틀 머뭇거리다 보면 어느덧 늙게 되고, 그러면 뉘우칠 기회를 잃기 때문이지. 늙으면 아무것도 못 하니까. 따라서 지금 당장 뉘우치라고 한 거야.

빈다는 것은 상대방에게 빈다는 뜻이야. 상대방에게 용서를 구한다는 뜻이지. 뉘우친다는 것은 내 스스로가 뉘우친다는 뜻이야. 내 마음속으로 진심으로 반성한다는 뜻이지.

이 두 가지가 동시에 이루어져야 진실된 뉘우침이 돼. 하나라도 빠지면 진실된 뉘우침이 되지 않지. 앞서 말한 참괴慚愧라 할 수 있어. 어쨌든 이렇게 해서 지난 잘못은 씻어내야 하는 거야."

*7악七惡 － 7가지 악. 신3구4(身三口四), 곧 몸이 짓는 것 셋, 입
이 짓는 것 넷이라고도 함
－ 신3(身三): 살생殺生, 투도偸盜, 사음邪淫
－ 구4(口四): 망어妄語, 기어綺語, 악구惡口, 양설兩舌
*10악十惡 － 7악七惡에 탐욕貪慾, 진에瞋恚, 우치愚癡를 더한 것.

6바라밀

"7악惡을 그쳐서 7선善을 닦았다면 다음에는 6가지 건너가는 방법을 닦는 거야. 인도말로 6바라밀六波羅密이라 하지. 이 6가지만 닦으면 5도五道 윤회를 벗어나서 다음에는 최소한 천당에 태어나. 위에서 말했듯이 여기의 5도란 6도六道에서 천天을 뺀 것이야.

무엇이 6가지인가? 베풂(보시)과 계율 지킴(지계)과 욕됨 참기(인욕)와 애써 노력하기(정진)와 고요함(선정)과 슬기(지혜)가 그것이지.

베풂(布施)이란 말 그대로 베푸는 것이야. 이 베풂에도 3가지가 있어. 재물을 베푸는 것(재보시)과 진리를 베푸는 것(법보시)과 남의 고통을 들어주는 것(무외시)이지.

'재물을 베푸는 것'(財布施)은 경제적으로 남을 도와주는 것이고, '진리를 베푸는 것'(法布施)은 진리나 이치를 이야기해 주는 것이며, '남의 고통을 들어주는 것'(無畏施)은 남의 말을 들어주거나 남의 어려움을 들어주는 거야. 자원봉사나 사회봉사 등등을 통해서.

'계율 지킴'(持戒)은 말 그대로 계율을 지키는 것이야. 부처가 정한 계율이지. 그러나 계율 지키기가 그리 쉽지만은 않아. 따라서 '나는 죽은 사람이다'라는 생각을 가져야 돼. 그래야만 계율을 지킬 수가 있어.

'욕됨 참기'(忍辱)란 남이 주는 어떤 모욕도 참아내는 것이야. 그러나 '욕됨 참기'가 보통 어려운 것이 아니야.

가령 누군가가 자기의 인격을 무시하거나, 자기의 능력을 무시하거나, 자기의 종교를 무시하거나, 자기의 학문을 무시한다면 참아낼 수 있을까. 대부분 그렇지 못하지. 즉각 반응을 나타내지.

이는 '욕됨 참기'가 그렇게 어렵다는 이야기야. 그러나 참아내야 해. 아하, 나에게도 무엇인가 잘못이 있구나, 반성할 점이 있구나 하면서 말이야.

'애써 노력하기'(精進)란 목숨을 걸고 수행한다는 것이야. 목숨을 건다는 것이 얼마나 힘든 것인가를 원효가 쓴 『발심수행장發心修行

章』을 통해서 보겠네.

　'주린 창자가 끊어질듯 고파도 밥 먹을 생각을 내지 않는다.'

　(餓腸如切 無求食念)

　보통 사람으로서는 상상도 할 수 없는 일이야. 또 사실 목숨을
걸어야 할 것이야. 인간사 모든 것을 팽개치고 수행하는 것이니까.
대충이나 적당히 같은 말은 통하지 않는다는 말이지.

　고요함(禪定)이란 절대적으로 고요한 마음을 말해. 달리 말하면
그침(삼매)이고.

　슬기(智慧)란 슬기가 두루해 전혀 걸림이 없는 상태를 말해. 달
리 말하면 보기(비발사나)야. 이 둘을 합쳐 지관止觀, 곧 '그쳐 보기'
라 하지.

　이 6바라밀 중 앞의 3가지는 일반 사람과 관계되는 것이고, 뒤
의 3가지는 나 자신과 관계되는 것이야. 어쨌든 이 6바라밀을 수행
해서 부처로 나아가지."

　*6바라밀 – 보시布施, 지계持戒, 인욕忍辱, 정진精進, 선정禪定, 지
　혜智慧.

8정도 八正道

"6바라밀을 닦았다면 다음에는 8정도八正道를 닦아야 해. 8가지 바른 길이지. 이른바 정견正見, 정사유正思惟, 정어正語, 정업正業, 정명正命, 정정진正精進, 정념正念, 정정正定이야.

우리말로는 바른 보기, 바른 생각, 바른 말, 바른 업, 바른 목숨, 바른 노력, 바른 기억, 바른 고요이지. 온통 바른 것뿐이야.

곧 여기서는 어떤 나쁜 생각이나 나쁜 짓을 해서는 안 된다는 거야. 6도六道 윤회를 벗어나서 부처가 되어 자유자재함을 얻는 자리니까. 사실 번뇌니 근심이니 집착이니 망상이니 하는 것은 이미 앞서 다 끊긴 자리이기도 해. 오직 수행만이 남아 있지. 수행의 최고 경지야."

*8정도八正道 – 8성도八聖道, 8지성도八支聖道라고도 함. 37도품의 하나. 정견正見, 정사유正思惟, 정어正語, 정업正業, 정명正命, 정정진正精進, 정념正念, 정정正定.

고집멸도苦集滅道

"자네들 고집멸도苦集滅道라는 말을 들어봤지? 4제四諦, 4성제四聖諦라고도 하는."

모두들 가만히 있자 할아버지가 다시 말했다.

"4가지 성스런 진리라는 뜻인데, 이 말만큼 우리의 수행이나 인생살이를 잘 나타내고 있는 말도 드물어. 정말로 정확하게 표현하고 있지.

여기에는 두 가지 뜻이 있어. 번뇌 하나하나에 대한 것과 번뇌 전체에 대한 것이야.

먼저 것은 고집멸도를 괴로움, 괴로움의 원인, 괴로움을 없앰, 도에 나아감으로 풀이해. 어떤 괴로움이 있을 때(고) 그 괴로움의 원인을 찾아내어(집) 그것을 없애고서(멸) 도에 이르는 것이지(도).

가령 어떤 불안감이 있을 때, 지금 나의 이 불안감은 어디서 오는가 하고 따져보는 거야. 그리고 그 원인을 찾아내어 없애버리는 거야. 그렇게 한 단계 한 단계 나아가지. 이렇게 반복해서 결국 도에 이르는 거야.

다음 것은 고집멸도를 괴로움, 괴로움의 쌓임, 괴로움의 없어짐, 도에 나아감으로 풀이해. 어떤 괴로움이 있을 때(苦) 그 괴로움이 줄어들지 않고 오히려 점점 더 쌓이는 거야(集). 그러다가 결국은 없어져서(滅) 도에 이르지(道).

가령 산을 오를 때 올라가면 올라갈수록 점점 더 힘이 드는 것과 같아. 그러다가 결국 정상에 올라서 기쁨을 맛보지. 우리 인생도 이와 비슷해. 일을 하면 할수록 점점 더 힘이 들고, 인생을 살면 살수록 점점 더 힘이 들어. 그러다가 결국 모든 것을 터득하여 편안해지지.

어느 쪽이든 끊임없이 마음을 다스리고 끝까지 노력해야 하는 것은 마찬가지야. 만만치가 않거든. 인생은 결국 고苦라고도 할 수 있으니."

*4성제四聖諦 - 4제四諦. 4가지 성스런 진리. 고집멸도苦集滅道.
고제苦諦 - 괴로움의 진리.
집제集諦 - 괴로움이 쌓이는 진리. 괴로움의 원인 되는 진리.
멸제滅諦 - 괴로움을 없애는 진리.
도제道諦 - 도가 되는 진리.

수희隨喜

"석가의 가르침에 '따라서 기뻐하라(隨喜)'는 말이 있어. 그리고 예수의 가르침에 '항상 기뻐하라'는 말도 있고.

이 두 가지는 같은 뜻이야. 그리고 이 말은 수행의 정도를 나타내는 척도야. 또한 진실로 이렇게 하는 사람은 바로 성인聖人이야. 최고의 경지에 이른 분이지.

그러나 '따라서 기뻐하는 것'(수희)에는 두 가지가 있어. 남이 잘못 되는 것을 보고서 따라서 기뻐하는 것과 남이 잘 되는 것을 보고서 따라서 기뻐하는 것이지. 여기서는 당연히 뒤의 것이야. 앞의 것은 사악한 것이니까.

이제 '따라서 기뻐하기'(隨喜)가 얼마나 어려운가를 보자고.

어떤 사람이 자기 자식보다 더 좋은 대학에 입학했다면 진심으로 기뻐해 줄 수 있을까. 더구나 자기 자식이 대학에 들어가지도 못했다면 남의 자식 입학을 진심으로 기뻐해 줄 수 있을까. 힘들지.

또 어떤 사람이 성공했다든지 출세했다든지 하면 진심으로 기뻐해 줄 수 있을까. 역시 힘들어. 비록 입으로는 축하의 말을 하겠지만 속으로는 시샘을 하지. 이는 대부분의 사람이 다 그래. 그러니까 당연히 중생인 것이고.

또 어떤 사람이 자기의 종교를 버리고 다른 종교로 개종할 때 진심으로 잘 되기를 바라며 빌어줄 수 있을까. 역시 힘든 일이야. 자기 반성보다는 그 사람을 비난하지. 이것도 대부분의 사람이 다 그래. 그러니까 당연히 중생이고.

그러나 석가나 예수는 그러지 않았어. 따라서 기뻐해 주고 항상 기뻐해 주라고 했어.

이와 같이 진심으로 기뻐해 주지 못하는 사람은 위에 말한 6가지 욕심이 있기 때문이지. 남이 잘 된 것을 보고서 무엇인가를 배우려 하지 않고 괜한 시샘을 한다든가(탐), 자기 스스로 반성하지 않고 괜히 짜증을 낸다든가(진), 무엇인가 결점을 찾아서 비방한다든가(의) 등등. 이 모두가 어리석기(치) 때문이지.

우리 같은 중생이 석가와 예수처럼 할 수는 없겠지만 흉내는 내볼 수 있을 거야. 흉내라도 내다보면 진짜 성인이 될지 누가 아나.”

발심수행장 發心修行章

“비록 위에서와 같이 이야기했지만 참된 수행이 얼마나 힘든 것인지 몰라. 더욱이 목숨을 건 수행은 전혀 감이 잡히지가 않아.

따라서 이론뿐만 아니라 수행에서도 최고의 경지를 이룬 원효대사의 글로 대신하도록 하겠네. 『발심수행장發心修行章』이야. 『발심수행장』은 닦을 마음을 내는 글이란 뜻인데, 원효가 자기 자신을 반성하기 위해서 지은 글이지. 하지만 우리 같은 중생이나 전문적 수행자에게도 좋은 가르침이 돼. 여기서는 그 일부를 보겠네.”

할아버지는 작은 노트를 꺼내 들더니 자못 엄숙하게 읽어나가기 시작했다.

보시

물건을 아끼고 탐냄은 마귀의 무리요,

사랑하고 베풂은 부처의 아들딸이라.

도 닦는 이가 탐내는 것, 이야말로 닦는 이들의 부끄러움이요

집 떠난 이가 부자라는 것, 이야말로 군자들의 웃음거리라.

수행자가 비단옷을 걸치는 것은

개가 코끼리 가죽을 뒤집어쓰는 것과 같고,

도 닦는 이가 그리움을 품는 것은

고슴도치가 쥐가 사는 집에 들어가는 것과 같다.

지계

사람들이 꼬리 달린 짐승이 깨끗하고 더러움을 구별하지 못하는

것을 미워하듯,

어진 이도 도 닦는 이가 깨끗하고 더러움을 구별하지 못하는 것을

싫어한다.

이 세상의 시끄러움을 버리고 텅 빈 하늘나라에 오르려면

계율이 좋은 사다리가 되니 마땅히 계율을 닦아야 할 것이다.

따라서 계율을 깨뜨리고서 남의 복 밭(복전)이 되겠다는 것은

날개 부러진 새가 거북이를 업고 하늘을 날겠다는 것과 같다.

자기 죄를 벗지 못하면 남의 죄도 벗길 수 없는 것,

계율 닦음이 없으면서 어찌 남의 재물을 받겠는가.

지혜

비록 부지런히 닦음이 있어도 슬기가 없으면

동쪽으로 가려 하면서도 서쪽으로 가는 것과 같다.

슬기 있는 이가 하는 수행은 쌀을 삶아 밥을 짓는 것과 같으나

슬기 없는 이가 하는 수행은 모래를 삶아 밥을 짓는 것과 같다.

모두들 밥을 먹어 주린 창자를 달랠 줄은 알지마는

진리를 배워서 어리석은 마음을 고칠 줄은 모른다.

닦음(수행)과 슬기(지혜)가 함께 갖춰지면 수레의 두 바퀴 같이 되고,

자기도 위하고 남도 위하면 새의 두 날개 같이 된다.

육신

하늘나라(천당)에는 막는 것이 없으나 오는 이가 적으니

(욕심, 성냄, 어리석음 등) 3가지 독한 번뇌를 자기 집안의 보배로 삼았기 때문이라.

(축생, 아귀 등) 악한 세상에는 꾀는 것이 없으나 가는 이가 많으니

(지수화풍, 우리 몸) 4가지 뱀과 (색성향미촉) 5가지 욕심을 헛되이

마음의 보배로 삼았기 때문이라.

닦음이 없는 헛된 몸 돌보아도 이로움이 없고,

덧없고 뜬 목숨 애착하고 아껴봐야 지킬 수 없다.

(지수화풍: 우리 몸) 4가지는 갑자기 흩어지는 것, 오랫동안 머무

르지 아니한다.

오늘 새벽이 될지 아니면 내일 아침까지 갈지 알 수가 없다.

정진

배고프면 나무 열매 따 먹어 그 주린 창자를 달래고,

목마르면 흐르는 물에 그 목마름증을 식힌다.

절하는 무릎이 얼음같이 차도 불 쬘 마음을 내지 않고,

주린 창자가 끊어질 듯 고파도 밥 먹을 생각을 내지 않는다.

인생

시간 시간이 흘러 하루가 훌쩍 지나가고,

하루 하루가 흘러 한 달이 언뜻 지나간다.

한 달 한 달이 흘러 어느덧 한 해 막바지에 이르고

한 해 한 해가 흘러 문득 죽음의 문턱에 이른다.

인생이 얼마라고 닦지 않고 헛되이 하루 하루를 보내며,

삶이 얼마라고 헛된 몸을 일생 동안 닦지 않는가.

이 몸은 반드시 끝이 있는 법, 그 다음 몸은 어떻게 할 것인가.

급하구나 급해, 급하구나 급해.

수행의 결과

여기까지 읽고 노트를 덮은 할아버지는 계속 이어 나갔다.

"이와 같이 힘든 수행을 하면 어떻게 될까. 모든 것들이 차츰차츰 벗겨져.

'뜻할 가리새'(의식)에서 7선을 닦아 7악을 떨쳐서 3악도를 벗어나. 이는 최악의 상태는 무조건 벗어난다는 말이지.

다음 역시 '뜻할 가리새'에서 6바라밀을 닦아 6번뇌煩惱를 떨쳐서 5도 윤회를 벗어나. 이는 욕심을 떨쳐서(무욕) 온갖 번뇌와 온갖 근심을 떨친다는 말이지.

다음 '따짐 가리새'(말나식)에서 8정도를 닦아 4아四我를 떨쳐서 6도 윤회를 벗어나. 이는 온갖 망상과 온갖 집착을 떨쳐서 인공人空을 얻는다는 말이지.

다음 '잠긴 가리새'(아라야식)에서 역시 8정도를 닦아 무명을 끊어서 해탈하는 거야. 이는 우주의 근본을 깨쳐서 법공法空을 얻는다는 말이지.

인공과 법공을 2공二空이라 해. 2가지 빈 것이란 뜻이지. 그러면

중생도 사라지고(인공) 우주도 사라져(법공). 삼천대천세계가 모두
사라지지. 드디어 해탈하여 부처가 되는 거야."

*4상四相과 수행修行의 내용

8식	4상	속내	수행	결과	2공
잠긴 가리새	생상	무명	8정도	윤회해탈	법공 얻음
따짐 가리새	주상	4아	8정도	6도해탈	인공 얻음
뜻함 가리새	이상	6번뇌 (욕심)	10바라밀	5도해탈	
	멸상	7악(10악)	10선	3악도해탈	

중생이 부처

"위에서 본 것처럼 온갖 괴로움을 무릅쓰고 죽어라고 수행했지.
'뜻할 가리새'(의식)를 드러내 7악惡을 끄집어내어 7선善으로 부
셔버린 뒤 3악도惡道를 벗어났고, 역시 '뜻할 가리새'를 드러내 6번
뇌를 끄집어내어 무욕無慾으로 내려친 뒤 5도 윤회를 벗어났으며,

'따짐 가리새'(말나식)를 드러내 4가지 나(四我)를 끄집어내어 인공
人空으로 내려친 뒤 6도 윤회를 벗어났고, '잠긴 가리새'(아라야식)
를 드러내 밝지 못한 것(無明)을 끄집어내어 법공法空으로 내려친
뒤 생사를 벗어난 거야.

'뜻할 가리새'라는 아주 거친 바다도 헤엄쳤고, '따짐 가리새'라
는 거센 바다도 헤엄쳤으며, '잠긴 가리새'라는 고요의 바다도 헤
엄쳤지.

그런 뒤에 '참된 것'(진여)에 들어가서 나의 본성을 본 거야. 그랬
더니 뭔가? 바로 '텅 빈 것'(공)이야. 결국 뭔가? 내가 '텅 빈 것'이야.
나아가 우주도 '텅 빈 것'이고.

그리고 내가 '텅 빈 것'은 내가 지금 만든 것이 아니야. 누가 준
것도 아니야. 중간에 생긴 것도 아니야. 애초부터 그러했던 거야.
내가 본디 그러함에도 불구하고 그것을 알려고 그 고생을 한 것이
지. 돌이켜 보면 헛일 한 것이야. 한심한 일이지.

위에서 '텅 빈 것'(공)을 터득한 사람을 부처(佛)라고 했지. 그런데
내가 본디 '텅 빈 것'이야. 이제 보니 내가 본디 부처야. 내가 본디 부
처인 것을 모르고 부처를 찾기 위해 그 고생을 하며 헤맨 것이지.

또 위에서 '텅 빈 것'(공)을 터득한 사람을 깨친 이(覺)라고 했지.
그런데 내가 본디 텅 빈 것이야. 이제 보니 내가 본디 깨친 이야.
내가 본디 깨친 이임을 모르고 깨친 이를 찾기 위해 그 고생을 하
며 헤맨 것이지.

손에 동전을 쥐고서 동전을 찾기 위해 헤맨 것과 같고, 머리에
모자를 쓰고서 모자를 찾기 위해 헤맨 것과 같아. 헛일 한 것이지.
바보짓 한 일이고.

그래서 석가가 말했어.

'중생이 곧 부처이다.(衆生則如)'

또 신라 명효明晶 스님은 말했지.

온 우주를 헤매어 부처되기를 바라지만
몸과 마음이 예로부터 부처였음을 모른 것이다.
옛적부터 애써서 삶·죽음을 떨치려 하지만
삶·죽음과 벗어남이 본디 같은 것임을 모른 것이다."

(遍詣十方求成佛 不知身心舊成佛 往昔精進捨生死 不知生死則涅槃)

헛 말

"위에서 참된 것(진여)이다, 여래 세계(여래장)다, 잠긴 가리새(아
라야식)다, 따짐 가리새(말나식)다, 뜻할 가리새(의식)다 하면서 갖
가지 용어를 써 가 며 제법 고상한 것처럼 이야기했지? 또 4가지

모습(4상)이다, 4가지 깨침(4각)이다, 8가지 가리새(8식)다, 9가지
모습(9상)이다 하면서 갖가지 이론을 제시하며 제법 심오한 것처
럼 이야기했고. 여기다 3세계(3계)다, 10세계(10계)다, 10단단함(10
지)이다, 52단계(52위)다 하면서 갖가지 단계를 제시하며 수행과정
이 제법 체계적인 것처럼 이야기했으나, 이게 모두 헛소리야.

　내가 본디 부처인데 무슨 이론이 필요하고 무슨 수행이 필요한
가. 내가 본디 깨친 이인데, 무슨 단계가 필요하고 무슨 깨침이 필
요한가. 모두 헛소리지. 그래서 석가는 말했어.

　'처음 깨친 날 밤부터 죽는 날 밤까지, 그 두 밤 사이에 나는 한마디
　말도 하지 않았다.(從初得道夜 乃至涅槃夜 是二夜中間 不說一言字)'

　석가는 6년 고행 끝에, 35살 되던 해 새벽 샛별을 보고서 깨친
후, 80살 되던 해 밤 죽을 때까지 약 45년간 끊임없이 설법했지. 그
래서 수많은 경전을 남겼지. 그러나 그는 그동안 한마디 말도 하지
않았다고 딱 잡아떼는 거야.

　왜냐? 전부 쓸데없는 소리니까. 전부 헛소리니까. 본디 텅 빈 것
인데 무슨 이야기가 필요한가. 텅 빈 것을 어떻게 이야기하는가.
애초부터 말이란 필요 없는 것이야."

노래

할아버지가 여기까지 이야기하자 누군가가 불쑥 물었다.

"그럼, 제가 부처네요."

"허허, 그럴 수도 있지. 물론 아닐 수도 있고. 깨치기만 하면 자네가 곧 부처지. 그러나 깨치기 전까지는 중생일 뿐이야. 그런데 깨치는 데 시간이 조금 걸려. 보통 몇 십 년은 걸리거든."

그러면서 할아버지가 노래를 불렀다.

1심2문一心二門

한마음을 열어보니 진여문과 생멸문이

진여문은 그대로나 생멸문은 나고죽네.

생멸문을 뛰쳐나와 진여문에 들어가야

나고죽음 벗어나서 해탈세계 얻겠구나.

開坼一心 眞如生滅 眞如如如 生滅生死

超脫生滅 卽入眞如 解脫生死 加入解脫

생멸문을 열어보니 이중삼중 문이로다.

첫째문은 뜻함이니 욕심장군 버텨섰고

둘째문은 따짐이니 나란장군 버텨섰고

셋째문은 잠김이니 무명장군 버텨섰네.

開坼生滅 疊疊重門 初門意識 慾將守立

二門末那 我將守立 三門羅耶 無明守立

욕심장군 불러내어 무욕으로 내리치니

온갖번뇌 온갖걱정 한순간에 사라지고

나란장군 불러내어 인공으로 내리치니

온갖망상 온갖집착 한순간에 사라지고

招誘慾將 擊以無慾 一切煩患 一瞬消滅

招誘我將 擊以人空 一切妄執 一瞬消滅

무명장군 불어내어 법공으로 내리치니

삼천대천 시방세계 한순간에 사라지네.

저멀리에 아스라이 진여문이 나타난다.

진여문을 열어보니 텅텅비어 공이로다.

招誘無明 擊以法空 三千大千 一瞬消滅

遼遼蕩蕩 現現眞如 開坼眞如 虛虛空空

안도비고 밖도비고 첨도비고 끝도비네

안도비고 밖도비니 삼계십계 텅비었고

첨도비고 끝도비니 삼세십세 텅비었네

중생비고 부처비니 중생부처 따로없네.

內空外空 本空末空 內空外空 三界是空

本空末空 三世是空 衆空佛空 無別衆佛

내가본디 있었던곳 내가본디 떠났던곳

돌고돌아 다시오니 그자리가 그자리라

억만겁을 돌았어도 한꿈이요 헛꿈이네.

내가본디 부처인데 무얼찾아 헤맸던고.

我所本在 我所本離 廻廻更來 其所其所

廻廻億劫 一夢虛夢 我是卽佛 求何遍詣

화합승 원효

✦

화합승 和合僧

　모두가 할아버지의 식견에 감탄한 듯 바라보는데, 누군가가 물었다.

　"할아버지, 이런 것들을 어떻게 아셨어요?"

　"대부분 원효대사가 하신 말씀이야."

　"원효대사라면 파계승 아니에요? 계율을 깨트리고 설총을 낳았으니."

　할아버지가 맞장구를 쳤다.

　"맞아, 바로 그 파계승破戒僧이야. 계율을 깨트렸으니. 아니 그는 오히려 파괴승破壞僧이지. 모든 것을 깨트렸으니. 그리고 그는 화합승和合僧이야. 모든 것을 아울렀으니."

"무슨 말씀이신지요?"

누군가가 묻자 할아버지가 말을 이었다.

"우리 역사상 원효만큼 철저히 파고든 사람도 드물어. 모든 것을 철저히 깨트려서 직접 확인한 뒤 다시 정립했지. 적당히 얼버무렸다든가, 직접 확인해보지 아니하고 남의 말만 따랐다든가 하는 것이 전혀 없어. 전부 직접 확인하고 직접 체험했지.

무슨 말인가.

그는 먼저 모든 서적을 다 훑었어. 불교경전뿐만 아니라, 유교儒敎, 도교道敎, 선교仙敎, 심지어 당시 배척하던 참서讖書, 비기秘記까지. 그리고는 이 모든 이론들을 한데 넣어 녹인 후 다시 끄집어냈지.

모든 이론들의 경계선을 다 허물었으며, 모든 이론들의 울타리를 다 걷어낸 거지. 그런 뒤에 다시 통합해서 정립한 거야. 쉽게 말하면 깨트리고 아우른 거지. 그러니 파괴승이자 화합승이 아니고 무엇이겠나.

따라서 그는 교敎와 선禪, 곧 이론과 수행에서 누구보다도 앞섰지. 이론에서 앞선 것은 그의 200여 권의 방대한 저술이 말하고, 수행에서 앞선 것은 그의 거리낌 없는 행동이 말해. 거리낌 없는 행동 중의 하나가 설총을 낳은 것이야."

저술 著述

"원효는 대략 100종류에 200여 권의 글을 쓴 것으로 알려지고 있어. 책 이름만으로 살펴보면 원효는 손대지 않은 것이 없어. 곧 원효는 그가 접하는 모든 경전을 다 공부했다는 뜻이야.

그러나 불행히도 그의 저술은 거의 남아 있지 않고 이름만 전하지. 내용의 일부라도 남아 있는 것은 21종류에 26권 정도야. 이제 이것을 가지고 몇 가지를 살펴보겠네.

원효의 글은 크게 3가지로 나눠져. 하나는 경론經論을 풀이한 것이고, 둘은 요점要點을 정리한 것이며, 셋은 자기의 주장主張을 편 것이야.

경론을 풀이한 것은 대개 소疏라는 이름을 붙였어. 일반적으로 말하면 경經은 부처님의 말씀을 정리한 것이고, 논論은 경을 풀이한 것으로 부처의 직속 제자나 높은 보살이 지으며, 소疏는 경이나 논을 더 자세히 풀이한 것으로 그 다음 사람이 짓지.

원효는 경전의 분량이 적을 때는 낱말 하나하나를 풀이했는데 이것이 소疏야. 이에 해당되는 것에 8가지가 있어.

요점을 정리한 것은 종요宗要라는 이름을 붙였어. 종宗이란 전체적 줄거리를 간단히 기술한 것이고, 요要는 요점 되는 대목을 대목마다 자세히 풀이한 것이야. 전체적인 것과 부분적인 것이라 할 수 있지. 원효는 경전의 분량이 많을 때는 요점정리를 했는데, 이에 해당되는 것에 5가지가 있어.

셋은 자기의 주장을 밝힌 것이지. 여러 경전을 인용해 가며 자기 자신의 주장을 쓴 것이야. 이론서인 경우도 있고 수필인 경우도 있어. 이에 해당되는 것에 8가지가 있고.

이 중 몇 가지만 살펴보겠네.

먼저 『대승기신론 소별기』야. 이는 『대승기신론大乘起信論』과 이를 풀이한 소疏, 그리고 별도로 적은 별기別記를 한데 모은 것이야. 원래 『대승기신론』은 인도의 마명보살馬鳴菩薩이 지었는데 범어 원문은 전해지지 않아. 이를 중국의 진제조사眞諦祖師가 한문으로 옮겼지. 이것을 우리나라의 원효성사元曉聖師가 자세히 풀이한 것이야.

원효는 이 논을 단순히 풀이한 것이 아니라, 이 논을 풀이하면서 자기의 주장을 질서정연하게 정립했지. 위에서 이야기한 1심一心, 2문二門, 3대三大, 4상四相, 4각四覺, 9상九相 같은 것은 대부분 원효가 정립한 원효 자신의 이론이야. 비록 『대승기신론』을 풀이하는 과정에 나오는 것이지만 결국 원효 자신의 독특한 사상이지.

원효의 풀이가 나오기 전까지는 중국이나 일본에서 『대승기신론』의 중요성을 크게 인식하지 못했어. 원효의 풀이가 나오자 다시 인식했지. 이후 『대승기신론』 연구의 열풍을 일으켰으며, 그 후 이 논이 불교 이론서의 으뜸이 되었어. 원효의 출세작이라 할 수 있지.

『금강삼매경론金剛三昧經論』은 『금강삼매경』과 이를 풀이한 논을 한데 모은 것이야. 『금강삼매경』은 우리나라에서 처음으로 발견되었으며, 원효성사가 이것을 처음으로 풀이했지.

이 경이 세상에 나온 경위가 신비로워. 서해의 용왕 검해鈐海가 전해주었거든. 또 처음에는 아무도 이 경을 풀이하지 못했어. 그러다가 당시 생불生佛로 소문난 대안大安 스님의 추천으로 원효에게 이르러 드디어 원효가 풀이했지.

『금강삼매경』은 위의 『대승기신론』과 맥을 같이 해. 『대승기신론』이 이론의 완결서라면 『금강삼매경』은 수행의 완결서거든. 이 두 가지를 원효대사가 완벽하게 풀이한 거야.

이 풀이들이 얼마나 뛰어난가는 고려 대각국사大覺國師 의천義天의 글을 보면 알 수 있어. 그는 원효의 『대승기신론 소별기』에 의해서 『금강삼매경론』을 풀이한 뒤 너무도 감격하여 이렇게 노래했지.

뜻을 말하는 것이지 글이 아니어서, 부처 마음에 부합되니
금강삼매경론의 깨침과 가르침은 홀로 뛰어났구나.
자꾸만 태어나는 외로운 삶, 어둡기가 밤과 같았는데
오늘 다행히 이 경론을 만나니, 작은 겨자씨가 가는 바늘을 만난
것 같구나.

義語非文契佛心 芬皇科教獨堪尋
多生孤露冥如夜 此日遭逢芥遇針(『대각국사문집』 제20권)

원효는 처음 『금강삼매경』을 풀이한 후 스스로 소疏라고 이름붙였지. 그러나 중국 승려들이 대장경大藏經을 편집하면서 소疏를 논論으로 승격시켰어. 인도 사람을 제외하고, 중국·한국·일본의 동양 3국을 통틀어서 논論을 지은 사람은 원효대사 한 사람뿐이야. 이는 곧 원효를 석가 다음으로 인정했다는 뜻이지. 위에서 이야기한 것처럼 논은 석가의 직속 제자나 높은 보살이 짓는 것이거든.

『십문화쟁론十門和諍論』은 이름 그대로 10개의 주된 논쟁거리를 아우른 거야. 그러나 불행히도 원문은 거의 없어지고 몇몇 단편만 남아 있어. 따라서 장담할 수는 없지만 당시 첨예하게 대립하는 여러 이론들, 곧 유식론唯識論과 기신론起信論의 여러 이론들, 그리고 소승小乘과 대승大乘의 여러 이론들을 아우른 것으로 추정돼. 비일비이非一非異라는 개념을 바탕에 깔고서 은밀문隱密門과 현료문顯了門 곧 종합적 방법과 분석적 방법을 이용해서……

이는 자기 주장만 내세울 뿐 서로 융합할 줄 몰랐던 당시 사람들에게는 신선한 충격으로 받아들여진 것 같아. 곧 모든 쟁론諍論을 아우를 수 있음을 인식시켰으니 말이야. 그들은 원효의 다음과 같은 말을 귀담아들었을 거야.

'만약 3가지 성질이 같은 것도 아니고 다른 것도 아님을 이해한다면, 백 가지 논쟁을 아우르지 못할 것이 없다.'

(若解三性不一不異 百家之諍無所不和)

'백 개 집안의 다르다는 다툼을 아울러, 한 맛 되는 진리의 바다로 돌아가게 한다.(和百家之異諍 歸一味之法海)'

이 『십문화쟁론』은 당시 사람들에게 중하게 여겨져 중국을 넘어 불교의 종주국인 인도까지 들어갔어. 인도 사람들이 자기들 말로 번역해 간 거야. 우리 역사상 자기들이 필요해서 자기들 말로 번역해 간 책은 이것이 최초일 거야.

이 외에도 『이장의二障義』는 『유식론』과 『기신론』을 한데 아울렀고, 『본업경소本業經疏』는 보살수행 52단계를 풀이했으며, 『중변분별론소中邊分別論疏』는 37도품三十七道品을 풀이했고, 『열반경종요涅槃經宗要』는 열반경의 요점을 간략히 정리했으며, 『아미타경소阿彌陀經疏』는 아미타경을 자세히 풀이했고, 『유심안락도遊心安樂道』는 극락에 가서 노니는 방법을 풀이했지.

다른 글들도 다 그러해. 이들 모두 중국과 일본에 큰 영향을 주어서 동양3국을 깜짝 놀라게 했어."

화쟁국사 和諍國師

"사실 원효의 학문은 우리나라보다는 중국과 일본이 먼저 알아봤어. 특히 중국은 원효의 학문을 별도의 학파로 인정했지. 그의 학문을 원효종元曉宗, 해동종海東宗, 분황종芬皇宗이라 했거든.

해동海東은 우리나라를 말하는데 발해渤海의 동쪽이란 뜻이고, 분황은 분황사芬皇寺를 말하는데 원효가 경주 분황사에 머물렀기 때문이야. 역시 우리 역사상 세계적으로 별도의 고유한 학문영역을 인정받은 것도 아마 원효가 처음일 거야.

또 중국 사람들은 원효를 구룡이라 불렀어. 구룡丘龍은 청구青丘, 곧 우리나라의 용龍이란 뜻이지. 용은 우리나라에서도 신성하게 여기지만 중국에서도 신성하게 여기지. 이렇게 신성한 이름을 원효에게 붙인 거야.

신라 사람으로 중국에 들어가서 공부한 견등見登 스님은 원효를 이렇게 칭송했어.

신라 원효법사는 나르는 용의 술법으로
우리나라에 비를 뿌렸기 때문에 구룡이라 이름하며,
대주 법장화상은 코끼리를 타는 덕으로
당나라에 깃발을 나부꼈기 때문에 향상이라 이름한다.
新羅 元曉法師 飛龍之化 瀆于青丘 故字丘龍
大周 法藏和上 駕象之德 振于唐幡 故字香象

원효를 법장法藏에 비교하고 있는 것이지. 법장은 중국 화엄종의 제3대 교주야. 중국 불교의 실제 제1인자라 할 수 있지.

중국과 일본보다는 다소 늦었지만 우리나라에서도 원효의 학문을 알아봤어. 고려 대각국사 의천이 원효의 학문을 알아본 거야. 그래서 고려 15대 숙종 6년(1101)에 화쟁국사和諍國師라는 칭호가 내려졌어. 큰 인물은 큰 인물이 알아보는 법이야. 위에서 이야기했지만 화쟁和諍이란 여러 쟁론을 아우른다는 뜻이니, 곧 화합한다는 뜻이지.

대각국사 의천의 칭송을 한번 들어보자고.

…(전략)…

오직 우리 해동보살만이 바탕과 모습을 밝게 아우르고,

옛것과 지금 것을 교묘히 모아서,

100개 집안의 다르다고 다투는 실마리를 아울러,

당대의 지극히 공변된 이론을 이루었습니다.

그러나 신기하게 통해서 가늠하기 어렵고,

묘하게 작용해서 생각하기 어렵습니다.

비록 티끌과 함께하나 그 진실을 더럽히지 않으며,

비록 빛과 어우르나 그 몸체를 변하지 않습니다.

이것이 이름이 중국과 인도에 드날리는 까닭이며,

자비로운 가르침이 이승과 저승을 밝게 하는 까닭입니다.

원효성사의 업적을 기리려 해도 참으로 나타낼 말이 없습니다.

저 의천은 일찍이 하늘의 도움이 있어서,

어려서부터 불법을 사모해,

옛 어진 이들의 모습을 두루 살펴보았으나,

원효성사의 오른쪽도 벗어날 수 없었습니다.

···(하략)···

위에서 해동보살이란 원효를 가리켜. 100개 집안의 다르다고 다
투는 실마리를 아울러 당대의 지극히 공변된 이론을 이루었다(和
百家異諍之端 得一代至公之論)는 것은, 모든 종교, 모든 학파, 모든 이
론을 아울러서 지극히 공평하고 보편적인 이론을 끄집어냈는데,
이 이론이 당대의 으뜸이라는 말이야. 곧 원효 사상의 넓고 깊음을
나타내는 말이지."

옛날의 종교 갈등

"살다보면 가끔 종교적 갈등을 일으키는 사람이 있지? 이는 예
나 지금이나 마찬가지인 것 같아.

옛날에는 우리 고유의 선교仙教와 외래 종교인 유교·불교·도
교가 있었는데, 이들 간에도 어떤 갈등이 있었던 모양이야. 그래서
고려 말의 숨은 선비 원천석元天錫이 한마디 했지. 삼교일리三教一
理, 곧 3가지 종교가 하나의 이치라는 글에서.

…(전략)…

유교는 진리(理)를 찾아 성품을 다함을 가르치고

불교는 마음(心)을 밝혀 성품을 보는 것을 가르치며

도교는 진실(眞)을 닦아 성품을 갈고 닦음을 가르친다.

…(중략)…

이른바 성품을 다하고, 성품을 갈고 닦고, 성품을 보는 것의 방법
에는,

비록 조금씩 다른 점이 있다 하더라도,

그것이 돌아가는 가장 처음은 분명하고 명확한 곳으로,

모두 똑같이 하나의 성품인 것이다.

어찌 서로 막히고 어긋나는 것이 있겠는가.

다만 세 성인에게는 각각의 교단이 있었는데,

교단의 후배 무리들이 각각 자기들 가르침만 움켜쥐고,

모두들 나는 옳고 너는 틀리다는 마음으로 서로 헐뜯기만 해서,

모든 사람의 가슴속에 세 가지 가르침의 성품이

모두 분명하게 들어 있다는 것을 참으로 모르는 것뿐이다.

나귀를 탄 사람이 다른 사람이 나귀 탄 것을 비웃으니 진실로 가
련하다.

…(중략)…

세 가지 종교의 풍습은 본디 차이가 없는데,

비교해서 틀리다고 다투는 모습이 마치 어지러운 개구리 울음소

리 같다.

일반 사람에게 이러한 성품이 다 갖춰져 있어 아무 거리낌이 없
는데

무엇이 불교이고, 무엇이 유교이고, 무엇이 도교란 말인가.

三教宗風本不差 較非爭是亂如蛙

一般是性俱無礙 何釋何儒何道耶

　성인들의 뜻은 모두 똑같은데 그 추종자들이 시시콜콜 싸운다
는 말이야. 성인들의 뜻보다는 자기들의 욕심을 더 숭상해서. 만약
원천석이 지금 살아 있다면 예수교까지 넣어서 한마디 더 보탰을
거야."

현대의 종교 갈등

　"자, 그건 그렇고. 지금도 가끔 종교적 갈등을 일으키는 사람이
있어. 그래서 간혹 함께 더불어서 아무 탈 없이 잘 사는 사람들로
하여금 괜스레 신경을 쓰게 만들지.

　그런데 이런 사람들에게는 공통점이 있어. 하나는 자기들 교주
의 가르침을 잘 따르지 않는다는 것이고, 둘은 공부工夫를 많이 하
지 않는다는 것이야.

예수나 석가의 가르침은 사랑(愛)과 자비慈悲 아니겠어? 곧 서로 더불어서 잘 살라는 것이지. 그런데 자기들 교주의 가르침을 잘 따르지 않다 보니, 엉뚱한 것을 좋아해.

곧 사랑과 자비보다는 예수와 석가를 더 좋아하고, 예수와 석가보다는 예수교와 불교를 더 좋아하며, 예수교와 불교보다는 교회와 사찰을 더 좋아하는 거야. 나아가 헌금이나 시주를 더 좋아하고, 선교나 포교를 더 좋아하며, 우람한 종교시설을 더 좋아하지. 곧 가르침은 없고 시설만 있으며, 진리는 없고 말만 있는 거야.

이는 서로 더불어서 화목하게 잘 살라는 교주의 가르침에 근본적으로 어긋나. 자기들끼리만 울타리를 쌓고서 오순도순 잘 살겠다는 뜻도 되니까. 자기들 잘 먹고 잘 살려고 교주를 이용한다고 오해를 받을 수도 있고……. 물론 자기들 교주의 가르침을 잘 따르는 사람들은 그렇지 않지.

또 공부를 많이 하지 않았으니 학문이 얼마나 깊고 넓은지를 몰라. 따라서 자기가 조금 아는 것이 전부인 양 착각해. 여기에 교만과 독선이 따라붙지. 그리고는 이 어설픈 견해를 내보이기 위해 안달해. 이런 사람이 하는 말을 들어보면 얕고 좁으며 모가 나. 그래서 언제나 사람들의 마음을 언짢게 하지.

반대로 공부를 많이 한 사람은 학문이 얼마나 깊고 넓은지를 알아. 그리고 깊이 들어가면 들어갈수록 모르는 것이 더 많아지고, 모든 종교와 학문이 서로 통한다는 것도 알게 돼.

따라서 항상 자기의 부족함을 느끼며, 이 부족한 점을 남이 채워 주지 않나 귀를 쫑긋 세우지. 나아가 혹시 내가 잘못 아는 것이 아닌가 자꾸 되돌아보게 되고, 혹시 남의 마음을 언짢게 하지 않나 늘상 조심하게 되지. 이런 사람이 하는 말을 들어보면 깊고 넓으며 부드러워. 그래서 언제나 사람들의 마음을 푸근하게 하지.

원효와 같이 이론과 수행에 모두 뛰어나게 공부한다면 종교적 갈등을 일으킬 겨를이 없을 거야."

무애행 無碍行

"앞에서 원효대사의 '거리낌 없는 행동'(無碍行)을 말씀하셨는데, 그것이 그리 대단한 일입니까?"

누군가가 묻자 할아버지가 대답했다.

"그럼, 아주 대단한 일이야. 여기서 말하는 거리낌 없는 행동이란 무절제한 행동이나 방탕한 행동이 아니야. 자유자재한 행동을 말하지. 이 세상의 삶에 대한 자유자재한 행동, 나아가 삶과 죽음을 초월한 자유자재한 행동이지. 그러나 이와 같은 행동은 아무나 할 수 있는 것이 아니야. 원효와 같이 크게 깨친 사람만이 할 수 있지.

위에서 본 것처럼 원효는 엄청나게 공부하고 수행했어. 그런 뒤 사람(人)이 결국 '텅 빈 것'(空)임을 알았어. 나아가 우주(法)도 결국

'텅 빈 것'임을 알았고.

따라서 내가 본디 '텅 빈 것'(空)이야. 하지만 내 몸뚱어리가 지금 존재하는 것(有)은 부정할 수가 없지. 그것은 분명한 현실이니까. 우주도 마찬가지야. 본디 '텅 빈 것'이야. 하지만 우주 삼라만상이 지금 존재하는 것(有)은 부정할 수가 없었어. 그것은 분명한 현실이니까.

그래서 원효는 이렇게 갈파했지.

'사람과 우주의 있고 없는 것이 가지런히 같은 것이로구나.'

(人法有無齊等)

사람이 있고 없는 것과 우주가 있고 없는 것이 가지런히 같다는 것이야. 있다(유)는 것은 지금의 내 몸과 지금의 우주가 분명히 있다는 것이고, 없다(무)는 것은 지금의 내 몸과 지금의 우주도 본바탕은 텅 비었다는 것이야.

그리고 이 2가지가 가지런히 같다는 것이야. 가지런하다는 말은 똑같지는 않지만 똑같다고 할 수 있다는 말이지. 위에서 말한 것처럼 젓가락 2개가 나란히 있는 것과 같으니까.

내가 있고 없는 것이 가지런히 같은데, 다시 말하면 내가 살아 있는 것과 죽어서 없어지는 것이 가지런히 같은데 무엇을 거리끼겠는가. 우주가 있고 없는 것이 가지런히 같은데, 다시 말하면 우주가 있는 것과 무너져서 없어지는 것이 가지런히 같은데 무엇을 거리끼겠는가.

여기에서 나온 것이 거리낌 없는 행동, 즉 무애행無碍行이야. 이는 곧 일체의 번뇌와 근심과 망상과 집착을 뛰어넘었다는 것이지. 그러니 거리낌 없는 행동이 나올 수밖에 없잖아."

설총 낳기

"이참에 원효가 요석공주瑤石公主와의 사이에서 설총薛聰을 낳은 것에 대해서도 한번 생각해 보자고. 우리 중생의 사고방식으로 말이야.

일반적으로 말해서 아내가 임신을 하면, 처음에는 사내아이일까 계집아이일까 궁금해. 그러다가 사내아이라면 멋있는 사내아이를 낳고 싶어 하고, 계집아이라면 예쁜 계집아이를 낳고 싶어 하지. 당연한 이야기야.

그러다가 달이 차서 몸을 풀 때가 되면, 그저 산모도 건강하고 아이도 건강하기만을 바래. 더 이상은 욕심이 되지.

그런데 원효는 그러하지 아니했어. 처음부터 아내가 있기만 하면, 위대한 인물을 낳겠다고 공언한 거야. 아내가 있기도 전에 이미 사내아이를, 그것도 위대한 사내아이를 낳겠다고 공언한 거지.

당시 신라시대의 상황으로 봐서 여자는 아무래도 사회활동에 한계가 있거든. 남자가 활동하는 시대였으니까.

이것은 무엇을 뜻하느냐. 혹시 원효는 자기가 수행한 것이 진실인가 아닌가를 확인해 본 것이 아닐까?

앞서 잠긴 가리새(아라야식)다 뭐다, 깨침이다 뭐다 하면서 잡다하게 이야기했는데, 이것이 정말 그런가 아닌가를 확인해 본 것이 아닐까? 만약 이것이 엉터리라면 어떻게 미리 공언한 뒤 설총을 낳을 수가 있었겠어. 안 되겠지.

그러나 그는 미리 공언한 뒤, 설총을 낳음으로서, 자기의 수행과 이론이 진실임을 확인한 것 같아. 보통의 수행과 배짱으로서는 상상도 할 수 없는 일이지.

이렇게 생각하면 파계니 뭐니 하는 것은 끼어들 틈이 없어. 나 자신을 뛰어넘어 다른 사람까지도 마음대로 할 수 있는 경지니까. 더 이상은 생각을 멈추겠네. 우리의 상상을 넘어서니까."

무애무 無碍舞

"어쨌든 원효는 '거리낌 없는 행동'(無碍行)을 하고 다녔지.

무애행에는 춤과 노래가 빠질 수가 있나. 당연히 춤도 있고 노래도 있어야. 이를 무애무無碍舞, 무애가無碍歌, 곧 거리낌 없는 춤,

거리낌 없는 노래라 해.

그런데 애석하게도 이 춤과 노래가 온전히 전해오지 않아. 변형되어서 내려오지. 곧 일부 내용만 전해오는 것을 고려시대 이인로李仁老가 다시 꾸몄다고 해. 다행히 그가 꾸민 것도 참 재미있어. 그의 저술『파한집破閑集』에 있는 이야기를 해보겠네.

먼저 춤을 보자고. 목이 고부라진 큰 호롱박을 마련해. 위에는 쇠 방울을 달고, 아래에는 채색 비단을 늘어뜨리지. 그리고는 이 호롱박을 두들기며 앞으로 갔다 뒤로 갔다 하는 거야.

이때 목은 자라가 놀란 것처럼 움츠려야 하고, 배는 가을 매미처럼 푹 꺼지게 해야 해. 그리고는 발을 위로 세 번 들기도 하고, 팔을 위로 두 번 뻗기도 하는 거야.

이것이 전부야. 누구나 할 수 있지. 그러나 여기에는 깊은 뜻이 담겨 있어.

첫째, 목이 굽은 호롱박에 쇠 방울을 달고 채색 비단을 늘어뜨린 것이야. 이는 곧 모든 형식을 벗어났다는 뜻이야.

당시 불교, 유교, 도교, 선교, 무교, 어디에서도 이와 같은 형식은 없거든. 어쩌면 모든 형식을 아울렀다고 할 수도 있어. 여러 종교의 형식을 조금씩 따왔다고도 할 수 있으니까. 곧 이것은 모든 종교의 화합을 뜻해.

둘째, 이 호롱박을 두들기며 앞으로 갔다 뒤로 갔다 하는 것이야. 이는 모든 의식儀式을 벗어났다는 뜻이야.

어느 종교에도 이와 같은 의식은 없거든. 어쩌면 역시 모든 의식을 아울렀다고도 할 수 있어. 곧 이것도 모든 종교의 화합을 뜻해.

셋째, 자라가 놀란 것처럼 목을 움츠리는 것이야. 이는 누가 무슨 말을 해도 다 수긍하겠다는 뜻이야. 누가 무슨 말을 해도 고개를 숙이니까.

곧 누구에게도 말로서 옳고 그름(是非)을 가리지 않겠다는 것이야. 말이란 소용없다는 뜻이지. 말하는 경지를 뛰어넘었으니까.

넷째, 매미가 가을에는 힘이 없어 배가 푹 꺼지는 것처럼 배를 푹 숙이는 것이야. 이는 누가 무슨 일을 해도 다 수용하겠다는 뜻이야. 누가 무슨 일을 해도 허리를 굽히니까.

곧 누구에게도 일로서 옳고 그름(是非)을 따지지 않겠다는 것이야. 일이란 그저 그렇다는 뜻이지. 일의 경지를 뛰어넘었으니까.

위의 4가지는 일체 모든 것을 다 화합하고 일체 모든 것을 다 수긍함을 뜻해. 일체 모든 형식과 의식을 아울렀고, 일체 모든 말과 행동을 수긍하니까. 다시 말하면 이 세상 일체 모든 것을 다 떠난 거야.

다섯째, 발을 위로 세 번 드는 것은 3계三界, 곧 욕계欲界, 색계色界, 무색계無色界를 뛰어넘었다는 뜻이야. 곧 6도 윤회를 벗어났다는 뜻이지.

여섯째, 손을 위로 두 번 뻗는 것은 2가지 장애(二障), 곧 번뇌에 의한 장애(煩惱障)와 앎에 의한 장애(所知障)를 뛰어넘었었다는 뜻이야. 곧 깨쳤다(覺者)는 뜻이지.

이 두 가지는 중생이지만 부처임을 뜻해. 다시 말하면 비록 이
세상에 노닐고 있지만 사실은 저 세상에 노닌다는 뜻이야. 중생세
계와 부처세계를 마음대로 넘나들고 있다는 뜻이지."

* 무애행無碍行을 무애무無碍舞와 무애가無碍歌로 나눔.
* 2장二障 - 2가지 막힘(二障). 2가지 걸림(二碍)이라고도 함. 번
  뇌장煩惱障과 소지장所知障. 곧 번뇌에 의한 막힘과 앎에 의한
  막힘. 원효『이장의二障義』에서 자세히 다룸

무애가 無碍歌

"'거리낌 없는 춤'(無碍舞)을 봤으니 다음에는 '거리낌 없는 노래'
(無碍歌)를 봐야겠지. 그러나 불행히도 이에 대한 구체적 내용이
없어.

『삼국유사三國遺事』원효불기元曉不羈에 '모든 것에 거리낌이 없
는 이는, 한 길에 나고 죽음을 벗어난다'(一切無礙人一道出生死)는『화
엄경』의 구절을 따와서 무애無碍라 했다는 기록이 있고,『파한집』에
경론經論에서 노래 구절을 따와서 무애가無碍歌라 이름했는데, 논밭

에서 일하는 늙은이까지 그것을 유희로 삼았다는 기록뿐이야.

할 수 없이 내가 임시로 하나 지었는데 들어볼려나. 그러나 이것은 경론에서 따온 것이 아니고 원효의 모습을 표현한 것이야. 본디의 무애가가 아니고 이름만 무애가라 했다는 말이지."

그러면서 할아버지는 자기가 지은 무애가를 불렀다.

무애가

토굴속에 잠든원효 해골물로 깨치고서
호롱박을 옆에차고 저잣거리 춤을춘다.
오색비단 쇠방울은 모든형식 벗어났고
두들기며 오고감은 모든의식 벗어났다.

놀란자라 움츠린목 어떤말도 숙여듣고
가을매미 푹꺼진배 어떤일도 받아든다.
팔을세번 뻗는것은 세세계의 해탈이요
발을두번 드는것은 두장애의 해탈이라.

요석궁의 상투머리 소성거사 모습이고
거지촌의 쑥대머리 무애거사 모습이며
분황사의 사자소리 화쟁국사 모습이고
중원천하 울린소리 구룡화상 모습이네.

노래소리 나올때는 이세상의 사람이나

염불소리 나올때는 저세상의 사람이네.

언뜻보니 중생이나 다시보니 부처로다.

인간세계 부처세계 자유로이 넘나드네.

7무애 七無碍

"원효의 '거리낌 없는 행동'(無碍行)을 살펴보면 대략 7가지가
있어.

하나는 진리에 거리낌이 없어(理無碍). 그에게는 인간이다 신이
다, 중생이다 부처다 하는 구분이 없어. 모두가 똑같은 진리거든.

둘은 학문에 거리낌이 없어(學無碍). 그에게는 불교다 유교다 도
교다 선교다 하는 구분이 없어. 모두가 똑같은 학문이거든.

셋은 사람에 거리낌이 없어(人無碍). 그에게는 속인俗人이다 성
인聖人이다, 비수행자다 수행자다 하는 구분이 없어. 모두가 속인
이자 성인이고, 비수행자이자 수행자거든. 따라서 비록 오늘은 임
금의 사위이자 분황사의 화상和尙이지만, 다음날에는 거지나 창녀
들과 어울리는 거사居士지.

넷은 수행 장소에 거리낌이 없어(地無碍). 속지俗地다 성지聖地
다, 비수행처非修行處다 수행처修行處다 하는 구분이 없어. 모든 곳
이 속지이자 성지이고, 비수행처이자 수행처거든. 따라서 지금은

비록 절간에서 좌선을 하고 있지만 얼마 뒤에는 시장거리에서 춤을 추고 있었지.

다섯은 수행에 거리낌이 없어(行無碍). 성인과 속인의 구분이 없고, 성지와 속지의 구분이 없는데, 수행과 비수행의 구분이 어디 있겠나. 모두가 수행이지. 생활 자체가 수행인 거야. 생활수행이라 할까.

여섯은 형식에 거리낌이 없어(形無碍). 위에서 이야기한 것처럼 거리낌 없는 모습을 했으니까. 호롱박에 쇠 구슬과 채색 비단을 다는. 일체의 형식을 벗어났다는 뜻이지.

일곱은 의식에 거리낌이 없어(儀無碍). 역시 위에서 이야기한 것처럼 거리낌 없는 행동을 했으니까. 호롱박을 두들기며 앞뒤로 오가듯이. 곧 일체의 의식을 벗어났다는 뜻이지."

*7무애七無碍 – 원효의 7가지 거리낌 없음. 곧 이무애理無碍, 학무애學無碍, 인무애人無碍, 지무애地無碍, 행무애行無碍, 형무애形無碍, 의무애儀無碍.

해골 물

"자, 그러면 원효가 어떻게 해서 이와 같은 큰 학문을 이룰 수 있었을까.

이는 두 가지로 생각해 볼 수 있어. 하나는 원효 자신에 관한 것이고, 둘은 우리 문화에 관한 것이야. 원효 자신에 관한 것이란 그가 해골 물을 마신 일을 말하고, 우리 문화에 관한 것이란 우리 고유문화의 깊음과 넓음을 말해.

원효가 살던 신라시대는 중국 당나라에 들어가 유학하는 것이 유행이었지. 그것이 출세의 지름길이었으니까. 원효도 예외가 아니었어. 그래서 그는 의상義湘과 함께 중국에 들어가려고 두 번이나 시도했지. 두 번 다 실패했지만.

첫 번째는 요동遼東을 건너 중국으로 가려 했어. 그러나 요동 근처에서 고구려 군에 잡혀 고생만 하고 되돌아왔지. 간첩으로 오인받았거든. 당시 고구려와 중국은 적대관계였고 요동은 고구려의 변방이었으니까.

두 번째는 당항성唐項城에서 배를 타고 중국으로 가려 했어. 당항성은 지금의 당진이나 화성으로 추정되는데 확실치는 않아. 물론 의상과 함께였지. 그러나 이번에도 그의 중국행은 실패했어. 해골 물이 그를 막았거든.

의상과 함께 밤에 산길을 가는데 비가 계속 왔어. 하는 수 없이 길

옆에 있는 토굴 속에 들어가 잠을 잤지. 밤중에 목이 말라 물을 찾았더니 그릇에 물이 담겨져 있었어. 그래서 달고 시원하게 마셨지.

이튿날 깨어나 보니 견딜 수가 없었어. 토굴이 아니라 무덤방이었고, 그릇이 아니라 해골 바가지였으며, 시원한 물이 아니라 해골 썩은 물이었기 때문이야.

그러나 비가 내려 다른 곳으로 갈 수도 없었어. 하는 수 없이 하룻밤 더 묵기로 했지. 그러나 이제는 잘 수조차 없었어. 귀신들이 덤비기 때문이야. 그래서 원효는 크게 깨달아 탄식하며 말했지.

지난밤에 묵었을 때는 토굴이라 편안하다 했더니

오늘밤에 묵으려니 귀신 집이라 빌미가 많구나.

아하! 알겠구나.

마음이 생기기 때문에 갖가지 법이 생기고

마음이 없어지기 때문에 토굴과 무덤이 둘이 아닌 것을!

또

3세계는 오직 마음뿐이요, 만 가지 법은 오직 가리새뿐임을!

마음 바깥에 법이 없는데 무엇을 별도로 구하겠는가.

前之寓宿謂土龕而且安 此夜留宵託鬼鄉而多崇

則知 心生故種種法生 心滅故龕墳不二

又 三界唯心萬法唯識 心外無法胡用別求(『송고승전』, 「당신라국의상전」)

그리고는 되돌아왔어. 모든 것이 마음뿐임을 알고서. 의상 혼자만 당나라로 들어갔지. 그 후 원효는 마음을 철저히 파고 들어가 크게 깨친 거야."

우리 문화

"원효가 이와 같이 미련 없이 발길을 돌릴 수 있었던 것은 그의 마음속에 무엇인가 자신감이 있어서가 아닐까. 그런 것이 없었다면 출세의 길목에서 어떻게 쉽게 돌아서겠어. 그렇다면 그를 돌아서게 한 자신감이 무엇일까? 추측컨대 바로 우리 문화인 것 같아.

우리 문화에서의 '한 세상살이'는 하늘나라에서 잠시 내려와 인간 세상에서 살만큼 살다가 때가 되면 둘둘 말아 젖히고서 미련 없이 돌아가는 것이거든. 곧 천상과 인간, 저승과 이승, 인간과 신을 구분하지 않고 자유로이 넘나드는 것이지. 천지인 합일天地人合一이라 할까.

어느 곳이든 마음만 수행하면 이 모든 것에 통할 수 있는데 구태여 중국에까지 가서 공부할 필요가 있겠는가. 이 생각이 원효를 중국으로 가는 길목에서 되돌아서게 한 것 같아.

이는 곧 우리 문화의 깊고 넓음을 뜻해. 우리 문화만으로도 최고의 진리에 도달할 수 있으며 어떤 문화와도 어울릴 수 있다는 것을. 원효는 이 점을 인식한 거야. 그래서 그는 불교의 진리를 우리 문화 속에서 찾았고 실제로 그것을 찾아서 대성했지.

돌이켜보면 우리나라 사람들은 어떤 문화, 어떤 종교, 어떤 학문과 어울려도 두각을 나타내며, 또한 거기서 새로운 분야를 개척했어.

불교가 들어오자 불교에서도 두각을 드러냈고, 유교가 들어오자 유교에서도 두각을 드러냈으며, 예수교가 들어오자 예수교에서도 두각을 드러냈지. 또한 거기서 새로운 분야를 개척하기도 하고.

이 모두가 우리 고유문화의 깊고 넓음 속에서 소질이 길러지고 닦아졌기 때문이야. 자기가 믿는 종교가 뛰어나고 자기 스스로가 뛰어나서만은 아니지.

이와 같이 우리 문화의 깊고 넓음은 원효 이후에도 계속 인식되었어. 신라 말 최치원崔致遠의 글을 봐도 알 수 있지. 최치원은 유불선儒佛仙에 통달한 대학자인데 당나라에서 크게 학문을 떨쳤지. 그는『난랑비서鸞郎碑序』에서 이렇게 말했어.『난랑비서』는 난랑이라는 사람을 기리는 비석의 서문이란 뜻이야.

우리나라에 깊고 묘한 도가 있으니 풍류라 이름한다.
교를 세운 근원에 대해서는 선사(선도의 역사 책)에 상세히 적혀 있다.
실로 3가지 도를 포함하여 모든 사람들을 모두 교화시킨다.

안에 들어와서는 집안에 효도하고 밖에 나가서는 나라에 충성하니, 이는 노나라 공자孔子의 뜻이고,

함이 없는 일에 머물고 말이 없는 가르침을 닦으니, 이는 주나라 노자老子의 뜻이며,

어떤 악도 짓지 않고 모든 선을 받들어 행하니, 이는 인도 석가釋迦의 가르침이다.

國有玄妙之道 曰風流 設敎之源 備詳仙史

實乃包含三敎 接化群生 且如

入則孝於家 出則忠於國 魯司寇之旨也

處無爲之事 行不言之敎 周柱史之宗也

諸惡莫作 諸善奉行 竺乾太子之化也(『삼국사기』, 「신라 진흥왕」)

곧 우리 고유의 선도仙道가 유교, 도교, 불교의 가르침을 모두 포용하고 있음을 밝힌 것이야. 만약 최치원이 지금 살아 있다면 예수교까지 넣어서 이렇게 말하지 않았을까.

'모든 사람들에게 사랑을 베풀고 사회정의를 구현하니, 이는 중동 예수의 가르침이다.'

어쨌든 우리 고유문화의 깊고 넓음을 진작 간파한 것이야."

새부塞部

할아버지는 마치 자신이 원효라도 되는 양 얼굴에는 자부심이 넘쳐흘렀다.

"원효가 우리 문화를 사랑한 것에 대해 구체적으로 두 가지 예를 들어보겠네. 하나는 우리 고유의 운율韻律을 지키려 한 것이고, 둘은 새부塞部라는 신라 고유의 자기 이름을 쓴 것이야.

원효는 글을 쓸 때 일부러 4/4조로 맞추려 했어. 어떤 때에는 4/4조를 너무 맞추다보니 무리하게 글자를 빼거나 무리하게 허사를 늘어놓아 이해를 어렵게 만들기도 해. 그럼에도 불구하고 4자 4자를 고집했지. 『대승기신론소별기』, 『금강삼매경론』, 『이장의』, 『발심수행장』 등등 대부분의 글이 그러해.

왜 그랬을까. 그 이유는 우리 고유의 가락, 곧 4/4조를 지키겠다는 뜻이야. 다시 말하면 우리 고유의 글자가 없는 상태에서 우리 고유의 운율이라도 살려놓겠다는 뜻이지. 이렇듯이 운율로서 우리말을 지켜냈기 때문에 후대 세종대왕이 이를 바탕으로 한글을 만들었는지도 몰라.

새부塞部라는 이름을 쓴 것도 뜻하는 바가 매우 커. 원효에게는 앞서 말한 화쟁국사和諍國師, 구룡丘龍 외에도 서당화상誓幢和尚, 소성거사小性居士, 새부塞部라는 이름도 있지.

서당誓幢은 어릴 때 부모님이 지어준 이름이고, 소성거사小性居

士는 설총을 낳은 뒤 스스로를 낮춰서 부른 이름이야. 작은 성품의 거사라는 뜻으로.

그리고 또 새부塞部라는 이름도 있어. 원효는 『대승기신론 별기別記』를 지은 뒤 맨 앞에 '해동사문 원효찬海東沙門 元曉撰', 곧 '신라 원효가 짓다'라고 자기 이름을 밝혔어. 그러다가 맨 뒤에 '새부찬塞部撰', 곧 '새부가 짓다'라고 자기 이름을 또 밝히고 있는 거야. 이것은 무엇을 뜻할까.

새부가 신라의 이두吏讀 문자여서 해석에 논란이 있으나, 새벽이란 뜻으로 생각해 보겠네. 원효元曉의 한문 뜻이 처음으로 밝아 온다 또는 새벽이란 뜻이니까. 새부가 새벽이란 말이지.

어떻든 새부가 순수 신라말인 것만은 틀림없어. 그러면 그가 원효라는 불교식 이름 외에 왜 구태여 새부라는 신라식 이름을 썼을까. 그것은 원효가 우리말과 우리 문화, 나아가 우리 고유의 정신 문화에 대한 강한 긍지를 가졌기 때문이야.

고구려가 멸망한 뒤 신라는 한쪽 귀퉁이만 차지하고서 중국(당)의 속국 비슷하게 되었지. 중국으로 봐서는 한민족은 이제 별 볼일 없는 존재야. 이 점을 깨닫고 원효가 실력을 앞세워서 중국 사람들에게 한마디 한 것이지.

'신라라는 변방에서 방언方言을 쓰는 사람 중에도 인물이 있으니, 한번들 읽어보시오. 그 책이 『대승기신론 별기』며, 그 책을 지은

이가 새부올시다.'

이것이 새부찬(새부가 짓다)의 뜻이 아닌가 생각돼.

만약 이 추측이 맞는다면, 입만 열면 중앙아시아를 들먹이는 민속학자나, 중국을 들먹이는 유학자나, 인도를 들먹이는 불교인이나, 이스라엘을 들먹이는 예수교인이나, 서양을 들먹이는 서양학자는 한번쯤 반성해봐야 할 것이야.

남이 애써 갈고 닦은 것을 얻어 와서 세상 진리는 제 혼자 다 터득한 것처럼 착각하는 것은 이 땅에 태어난 사람으로서 할 도리가 아니지. 남한테 무엇인가를 얻어왔으면 우리 것도 다듬어서 그들에게 내 놓는 것이 이 땅에 태어난 사람으로서의 도리가 아닐까.

외래 종교가 넘치는 데도 서로 간에 큰 갈등이 없는 것은 우리 문화의 포용성이 저변에 깔려 있기 때문이라고 생각하네. 단순히 각 종교의 우수성 때문만은 아니라는 것이지. 게다가 굴러온 돌이 박힌 돌을 깔보는 것은 자기 자신을 부정하는 것이라고 할 수 있지 않겠나. 우리 민족이 우리 자신을 부정할 만큼 어리석지는 않다고 생각하네. 더구나 굴러온 돌들끼리 서로 싸울 만큼 못나지도 않을 터이고.

모두들 우리 문화의 넓고 깊음과 위대한 포용성과 종합성을 간과하면 안 될 것이야."

원효 넘기

"이와 같이 원효는 우리 문화 속에서 공부하고 수행해서, 이 모든 것을 깨트리고 다시 아울렀기 때문에 큰 학문을 이룰 수가 있었어.

하늘을 지붕으로 삼고, 땅을 바닥으로 삼으며, 사방을 벽으로 삼아서, 온 천하라는 우람한 종교건물 속에서, 그 안의 모든 사물과 생물이 부모라는 생각으로 그들 모두를 소중히 여기고, 임금과 백성과 거지와 창녀가 모두 부처라는 생각으로 그들 모두를 스승으로 삼고는, 내 경전 남의 경전 심지어 이교도의 경전까지도 두들기고, 내 수행 남의 수행 심지어 이교도의 수행까지도 두들겨서, 큰 용광로에 집어넣어 한데 녹여서는 다시 끄집어냈기 때문이지.

그러니 지금까지 그 누구도 원효라는 준령峻嶺을 넘어서지 못하고 있어. 모두들 원효 밑에서 헤매거나, 원효를 쳐다만 보거나, 숫제 원효를 피하거나, 원효를 무시하지. 그러고는 자기의 좁은 울타리에 안주해 기고만장하지.

이제는 원효라는 준령을 넘어설 때가 되지 않았을까. 원효가 돌아가신 지도 1,300년이나 지났으니. 이 오랜 기간 동안 원효를 넘어서지 못한다는 것은 우리 후손들의 수치야. 자, 이쯤 이야기하고, 어디, 기대해 보자고."

드디어 할아버지가 말씀을 마쳤다. 모두의 얼굴은 약간의 긴장과 흥분으로 달아올라 있었다. 새삼 원효라는 위대한 성인의 사상을 접하고 우리 문화에 대한 자부심이 밀려든 까닭이다. 어느덧 시간이 한참이나 흘렀고, 사람들은 하나둘 제 갈 길로 흩어졌다.

원효대사 일대기

1. 앞글

원효元曉는 숙세宿世에 많은 공덕을 쌓았으나 복 많은 시대에 태어난 것은 아니다.

원효의 어머니는 유성이 품으로 들어오는 꿈을 꾸고서 그를 가졌고, 해산할 때는 5색 구름이 땅을 덮었으며, 나면서부터 빼어나고 특이했다.

그러나 그가 태어난 시대는 삼국통일기라는 전란의 시기였고, 사회는 골품제라는 신라의 독특한 계급제도가 근간이었다. 일 년에 몇 번씩 크고 작은 전투가 일어나 사람이 사람답게 산다고 할수 없는 시대였으며, 그 자신 6두품 출신으로 추정되니 태어날 때부터 이미 신분상의 한계를 지니고 있었다.

이와 같은 상황에서 원효는 상당히 고민한 것 같다. 자기의 포부와 현실을 조화시켜야 했으니. 그래서 그는 불교에 뛰어들었고 거기서 이 둘을 조화한 것 같다. 당시 불교는 신분의 제약으로부터 비교적 자유로웠고, 따라서 마음대로 자기 뜻을 펼 수 있었다.

이는 곧 진리 탐구에 대한 그의 욕구와 현실의 조화이기도 하고, 무지몽매한 중생에게 불법佛法을 가르쳐야 하는 그의 업보業報이기도 하다.

그는 피나는 노력을 기울였다. 그가 지은 『발심수행장發心修行章』을 보면 알 수 있다. "절하는 무릎이 얼음과 같이 차도, 불 쬘 생각을 하지 않는다"는 구절이 그것이다. 보통사람으로서는 감히 생각하기 힘든 수행이다. 그래서 그는 정말로 위대한 학문을 이루었다.

그의 학문은 크게 두 가지로 나눠볼 수 있다. 하나는 사회에 관한 것이고, 둘은 자신에 관한 것이다. 그는 사회적으로는 여러 파벌派閥의 화합을 주창하였고, 개인적으로는 3계三界를 뛰어넘는 깨침을 구했다. 앞의 것은 화쟁사상和諍思想, 곧 어우름 사상으로 나타나고, 뒤의 것은 무애행無碍行, 곧 거리낌 없는 행동으로 나타난다.

이 둘은 철저한 학문과 수행에서 나온 것이다. 모든 학문에 통달했기 때문에 모든 것의 화합을 주장할 수 있었고, 최고의 수행을 이루었기 때문에 거리낌 없는 행동을 할 수가 있었다. 따라서 이 둘은 서로 잘 통한다. 화쟁和諍이 있어야 무애無碍가 되고, 무애가 있어야 화쟁이 되기 때문이다.

그러나 불행히도 원효의 이러한 사상과 행동을 당시 사람들이 알아주지 못했다. 당시 100명의 고승이 참여하는 백고좌회百高座會, 일명 인왕경대회仁王經大會라는 국가적 기원제가 있었는데 원효는 거기에 한 번도 초청받지 못했다. 신라 100명의 고승 중에도 끼지 못한 것이다.

소소한 파벌을 형성하여 그 속에서 자기의 명예와 부귀를 누리려는 사람들이 모든 파벌을 타파하여 일체의 화합을 주장하는 원효를 이해할 리 만무했고, 근엄한 권위와 형식에 집착하여 백성에 군림하는 종교인들이 중생이 곧 부처라며 기생이나 거지와도 어울리는 원효를 인정할 리 만무했기 때문이다. 따라서 원효는 당시에는 철저히 배척되었다고 할 수 있다.

그러나 원효가 열반한 뒤 1,300년이 지난 지금은 어떤가. 모든 것이 거꾸로다. 백고좌회에 참석했던 100명의 고승, 그 누구의 이름도 전하지 않는다. 그들의 글귀도 당연히 전하지 않는다.

오직 원효元曉라는 이름과 그의 소중한 글들만이 전한다. 그래서 우리나라는 물론 중국, 일본, 인도를 거쳐 지금은 미국에서도 연구되고 있다. 우리나라에서 지금까지 개인의 철학이 세계적으로 연구되는 분은 원효대사 한 분이 아닌가 생각된다.

그는 복 많은 사람으로 태어나지는 않았지만, 가장 복 많게 살다 간 것이다. 그리고 그 근저에는 철저한 학문과 수행이 자리한다.

2. 일대기

원효대사는 신라 26대 진평왕 39년(617)에 태어나, 31대 신문왕 6년(686) 음력 3월 30일 70세로 열반했다. 당시로 봐서는 무척 오래 산 셈이다. 그러나 원효 대사의 행적은 자세히 남아 있지 않다. 이하는 여러 사람의 글을 참조하여 정리해 본 것이다.

서기 617년(眞平王 39, 1세)   『삼국유사三國遺事』에 의하면 원효는 성이 설薛이고, 압량군押梁郡 불지촌佛地村에서 담날내말談捺乃末의 아들로 태어났다. 할아버지는 잉피공仍皮公이고, 어릴 때 이름은 서당誓幢이다. 압량군은 지금의 경북 경산 자인면이고, 내말 乃末은 내마奈麻로 신라 17관등 중 11번째이다. 한편 설薛씨 족보族譜에 의하면 아버지는 내옥乃玉이고, 어머니는 갈산 용씨葛山 龍氏이다. 둘째 아들로 이름은 사思이다.

625년(眞平王 47, 9세)   의상대사義湘大師(625-702) 태어남.

632년(善德女王 1, 16세)   이때 출가出家한 것으로 추정됨. 32살에 출가

---

* 참조
　원효연구론선집5권(원효대사연보, 원효사상연구소, 중앙승가대학)
　원효연구론선집5권(원효성사연보, 양은용, 중앙승가대학)
　원효(남동신, 1999, 새누리)
　자 떠나자 원효 찾으러(장휘옥, 1999, 시공사)
　한국불학사, 신라시대편(고영섭, 2005, 연기사)

했다는 설도 있음. 일정한 스승 없이 홀로 공부함. 중국에서는 법상종法相宗의 개조開祖 규기窺基(632-682)가 태어남.

634년(善德女王 3, 18세)　선덕여왕이 분황사芬皇寺를 창건함.

643년(善德女王 12, 27세)　중국 화엄종 제3조祖 법장法藏(643-712) 태어남.

645년(善德女王 14, 29세)　중국 삼장법사 현장玄奘(600-664) 5년 유람 후 인도에서 중국으로 돌아옴.

647년(眞德女王 1, 31세)　낭지郎智 스님을 찾아가 『법화경』(?)을 배움. 낭지스님께 초장관문初章觀文과 안신사심론安身事心論을 지어 올리며 다음과 같은 노래를 지음.

서쪽 골짜기의 사미(원효)는 동쪽 언덕의 상덕고승(낭지)에게 머리를 조아려 예를 올립니다. 잔 먼지를 불어서 영취산에 보태고 작은 물방울을 날려서 용연에 던집니다.

西谷沙彌稽首禮東岳上德高嚴前吹以細塵補鷲岳飛以微滴投龍淵

650년(眞德女王 4, 34세)　의상대사와 함께 보덕화상普德和尙에게서 『열반경涅槃經』과 『유마경維摩經』을 배운 것으로 추정됨. 의상과 함께 요동을 거쳐 중국으로 들어가려다 간첩혐의로 고구려에 붙잡혀서 되돌아옴.

655년(武烈王 2, 39세)　이 시기 깨침을 얻은 것으로 추정됨.

660년(武烈王 7, 44세)　백제 멸망함.

661년(文武王 1, 45세)　의상대사와 함께 중국으로 들어가려고 당성黨城에 이르렀다가 해골 물을 마시고는 크게 깨쳐 중국에 가는 것을 포기함. 의상 혼자 중국으로 들어감.

667년(文武王 7, 51세)　　요석공주瑤石公主를 맞이해 설총薛聰을 낳고 소
성거사小性居士라 칭함. 요석공주는 무열왕의 둘째 딸로 추정
됨. 이후 무애가無碍歌를 지어 부르며 곳곳을 다닌 것으로 추정
됨. 중국 화엄종 제2조 지엄智儼(600-668) 입적함.

668년(文武王 8, 52세)　　소정방蘇定方이 그려 보낸 난독화鸞犢畵, 곧 난
새와 송아지를 그린 그림을 풀이함. 뜻은 즉시 회군回軍하라는
것임. 고구려 멸망함.

671년(文武王 11, 55세)　　행명사行明寺에서『판비량론判比量論』저술함.

672년(文武王 12, 56세)　　고선사高仙寺에 머물면서 사복蛇福을 만남. 이때
『십문화쟁론十門和諍論』등 많은 저술을 지은 것으로 추정됨.

676년(文武王 16, 60세)　　이때를 전후해서 대안大安 스님을 만나고,『금
강삼매경金剛三昧經』을 풀이하여 인왕경대회仁王經大會에서 강
설한 것으로 추측됨. 또 광덕廣德과 엄장嚴莊에게 삽관법(鍤觀
法, 淨觀法)을 지어준 것으로 추정됨.

686년(神文王 6, 70세)　　분황사에서『화엄경소華嚴經疏』를 제40 회향품
廻向品까지 쓰고 붓을 놓음. 경주 남산南山 혈사穴寺에서 3월 30
일 열반함. 그 후 아들 설총이 원효의 유해遺骸로 진용소상眞容
塑像을 만들어 분황사에 안치함. 설총이 지극한 예를 올리자 소
상塑像이 돌아봄.

702년(聖德王 1, 滅後 16)　　의상대사義湘大師 입적함. 이 무렵 동경東京 흥

륜사興輪寺 금당金堂에 소상塑像으로 안치되어 10성十聖으로 받들어짐. 10성十聖은 동쪽 벽에는 표훈表訓·사파虵巴·원효元曉·혜공惠空·자장慈藏이고, 서쪽 벽에는 아도我道·수촉獸觸·혜숙惠宿·안함安含·의상義湘임.

779년(惠恭王 15, 滅後 93)　손자 설중업薛仲業이 사신으로 일본에 건너가 극진한 대접을 받음.

785년(元聖王 1, 滅後 100)　열반 100주년 기념으로 고선사高仙寺에 서당화상비誓幢和尙碑를 세움. 뒤에 헌덕왕憲德王이 된 김언승金彦昇이 지원하여, 음리화(音里火, 경북 상주 청리) 3천당주三千幢主 급찬級湌 고금□(高金□)이 새김. 글쓴이는 모름. 비석은 상하 2단으로 되었는데 하단下段은 1914년에 3조각으로 발견되었고 상단上段은 1968년에 왼쪽 일부만 발견됨. 고선사는 원래 경주 알천 상류 암곡에 있었으나 폐사廢寺되었다가 지금은 덕동호에 수몰됨.

935년(敬順王 9, 滅後249)　신라 멸망. 고려 건국.

1101년(고려 15대 肅宗 6, 滅後 415)　원효대사에게 화쟁국사和諍國師, 의상대사에게 원교국사圓敎國師라는 시호가 주어짐.

1171–1197년(고려 明宗 1-27, 滅後 485-511)　이 무렵 분황사에 화쟁국사비和諍國師碑가 세워짐.『동국여지승람』에는 고려 평장사平章事 한문준韓文俊이 비문을 지었다고 하고, 최유청(崔惟淸, 1095-1174)의 묘지명에는 최유청이 지었다고 함. 어느 것이 맞는지는 확

실치 않음. 『금석청완金石淸玩』에는 최선崔詵이 글을 썼다고 함. 오금석烏金石으로 만들었으나 지금은 전하지 않음. 이만부李萬敷(1664-1732)의 동도잡록東都雜錄에는 분황사에 오금석의 옛 비가 있는데 문자가 떨어져나가 읽을 수 없다(有烏金石古碑文字剝落不可讀)라는 기록이 있고, 강위姜瑋(1820-1884)의 분황사芬皇寺라는 시에는 화쟁국사의 오금비가 있다(有諍國師烏金碑)라는 기록이 있음. 절 근처에서 발견된 비의 받침대(碑臺)에는 추사秋史 김정희金正喜(1786-1856)가 쓴 '이것은 신라 화쟁국사의 비석이다(此新羅和諍國師之碑蹟)'라는 글이 음각되어 있음.

1967년   서울 효창공원孝昌公園 경내에 원효대사 동상이 세워짐. 매년 음력 3월 30일 경주 망월사에서 대재大齋를 지냄.

1995년   경주 분황사에 원효학연구원을 열고, 매년 음력 3월 30일 원효문예대제전을 갖음.

1998년   국제원효학회에서 원효전서 영역英譯작업을 시작함.

3. 행적

원효가 진실로 크게 깨친 것은 무덤방에서 해골 물을 마신 일 때문이 아닌가 생각된다. 원효는 45살 때 의상과 함께 두 번째로 당唐나라에 들어가려 했다. 당성(지금의 남양 또는 당진) 부근에서

밤에 비를 만났는데, 마침 옆에 사당(실제는 무덤방)이 있어서 곤히 잤다. 그리고 시원한 물도 마셨다. 이튿날 날이 밝자 견딜 수가 없었다. 사당이 아니라 무덤방이었고 시원한 물이 아니라 해골 썩은 물이었기 때문이다.

그러나 비가 계속 내리고 길도 질퍽해 한 걸음도 옮길 수도 없었다. 하는 수 없이 하룻밤 더 묵기로 했다. 그러나 이제는 잘 수도 없었다. 귀신들이 덤비기 때문이었다. 원효는 크게 깨달아 탄식했다.

지난밤에 묵었을 때는 토굴이라 곧 편안하다 했더니

오늘밤에 묵으려니 귀신 집이라 빌미가 많구나.

아하! 알겠구나.

마음이 생기기 때문에 갖가지 법이 생기고

마음이 없어지기 때문에 토굴과 무덤이 둘이 아닌 것을!

또

3세계는 오직 마음뿐이요, 만 가지 법은 오직 가리새뿐임을!

마음 바깥에 법이 없는데 무엇을 별도로 구하겠는가.

前之寓宿謂土龕而且安.

此夜留宵託鬼鄉而多崇.

則知

心生故種種法生.

心滅故龕墳不二.

又

三界唯心萬法唯識.

心外無法胡用別求(『송고승전』, 「당신라국의상전」)

원효는 이렇게 말하며 모든 것이 마음뿐임을 알고는 되돌아 왔다. 의상 혼자 당으로 들어갔다. 원효의 이 글은 『대승기신론』의 구절과 통한다.

마음이 생기면 갖가지 법이 생기고,(心生則種種法生)
마음이 없어지면 갖가지 법이 없어진다.(心滅則種種法滅)

더 간단히 줄이면 『화엄경』의 글귀와 통한다.

모든 것은 오직 마음이 지은 것이다.(一切唯心造)

원효는 51살 무렵에 요석공주瑤石公主를 맞이해 설총을 낳았는데 그때 부른 노래는 이렇다.

누가 자루 빠진 도끼를 허락한다면(誰許沒柯斧)
나는 하늘을 받들 기둥을 찍겠다.(我斫支天柱)
(『삼국유사』, 「원효불기」)

자루 빠진 도끼(沒柯斧)는 결혼을 했다가 홀로 된 여자를 뜻한다. 처녀를 원했다면 자루 없는 도끼(無柯斧)라 했을 것이다. 비록 파계破戒를 하지만 예의禮儀를 다한 것이다. 하늘을 받들 기둥을 찍겠다는 것은 훌륭한 인물을 낳겠다는 뜻이다.

이 뜻을 알아들은 이가 무열왕이다. 곧 자기의 둘째 딸(?)로 하여금 원효를 맞이하게 했다. 남편이 백제와의 싸움에서 전사해 혼자 살고 있는 터였다.

설총이 태어난 뒤 원효는 스스로를 소성거사小性居士라 칭하며 거리낌 없는(無碍) 생활을 하였다. 이에 고려 문장가 이규보가 한 수 올렸다.

머리를 깎아 맨 머리가 되면 원효대사요

머리를 길러 두건을 쓰면 소성거사라.

비록 몸을 천백으로 나타내지만

마치 손바닥을 가리키는 것과 같으니,

이 두 가지의 아주 다른 모습을 짓는 것도

단지 한 마당 놀음뿐이로구나.

剃而髡則元曉大師

髮耳巾則小性居士

雖現身千百 如指掌耳

此兩段作形 但一場戲(『동문선』, 제50권)

거리낌 없는 모습이 보인다. 소성거사 원효의 행동은 어떠했을까. 고려 박인로의 글을 보면 조금 알 수 있다.

옛날 원효 대성인이 백정, 술장사들과 어울러 살았다. 일찍이 목이 고부라진 호로병을 어루만지며 저잣거리에서 춤을 추었는데 무애(無碍, 거리낌 없음)라 이름했다.

뒷날 일 꾸미기 좋아하는 이가, 쇠 방울을 위에 묶고 채색 비단을 아래로 늘어뜨려서 그것을 두드리며 앞뒤로 나아가니, 모두 가락에 맞았다.

또 경론에서 노래 구절을 따와서는 무애가無㝵歌라 이름했다. 밭에서 일하는 늙은이까지 그것을 본받아 유희로 삼았다.

(고려 숙종 때) 무애지국사가 일찍이 시를 지어 말했다.

이 물건은 오랫동안 쓰지 않은 것을 쓰게 했고
옛사람의 이름 없는 것을 다시 이름있게 했다.

요사이 산에 사는 관휴라는 사람이 시를 지어 말했다.

양 소매를 휘두르는 것은 (번뇌, 소지) 2장애를 끊었기 때문이고,
발을 3번 드는 것은 (욕계, 색계, 무색계) 3세계를 뛰어넘었기 때문이다.

그 춤이 모두 진리를 비유한 것이다. 나(박인로) 또한 그 춤을 보고 기려서 말했다.

배는 가을 매미같이 (비었고)

목은 여름 자라같이 (굽었다)

그 굽은 것은 사람을 따를 만하고(사람에게 순종함)

그 빈 것은 만물을 받아들일 만하다(만물을 용납함).

밀석(깐깐한 사람?)에게도 거슬림을 볼 수 없고

규효(너그러운 사람?)에게도 비웃음을 볼 수 없다.

한상(人名)은 이와 같이 해서 세상에 숨었고

장자(人名)는 이와 같이 해서 세상에 떠다녔다.

누가 그를 이름했던가. 소성거사(원효)라고.

누가 그를 기렸던가. 농서타이(인명)라고.(『파한집』, 하권)

이것만 가지고 모습을 살피기에는 부족하나 대충 정리하면 다음과 같다.

넉넉한 옷을 입고서 목을 움츠리고 허리를 굽힌다. 손에는 끈이 달린 쇠 방울을 들었는데 방울 밑에는 여러 가지 색깔의 비단을 매달았다. 그리고는 그 방울을 치면서 앞뒤로 나아가며, 아울러 소매가 긴 두 손을 머리 위로 휘두르기도 하고, 발을 3번씩 들기도 한다.

두 손을 휘두르는 것은 2가지 장애를 벗어났음을 뜻하고, 발을 3번 드는 것은 3계를 벗어났음을 뜻한다. 곧 해탈의 경지를 뜻한다.

머리를 조아리는 것은 누구에게도 엎드린다는 뜻이니 순종이고, 허리를 굽히는 것은 만물을 받아들인다는 뜻이니 용납이다. 곧 이는 사람과 존재(人法) 모든 것에 거리낌이 없는 완벽한 자유인임을 뜻한다.

쇠 방울에 비단을 매단 것은 근엄한 격식을 벗어난 것이니, 진리 탐구에는 격식이 없음을 뜻하고, 노래를 부른 것은 무지한 중생들도 쉽게 할 수 있다는 것이니, 중생에 대한 교화를 뜻한다.

56살 무렵에 사복을 만난 것 같은데, 이 사복蛇福은 우리나라 역사상 기록에 나오는 사람 중 최고의 수행가가 아닌가 한다. 감히 원효를 꾸짖었기 때문이다.

원효가 고선사高仙寺에 있을 때 사복이 찾아왔다. 원효가 예를 올리자 사복은 대답도 하지 않고, 자기 어머니가 죽었으니 장사지내러 가자고 했다. 원효가 함께 가서 장사를 지내며 마지막 축문을 했다.

나지 말지어다 죽는 것이 괴로우니,
죽지 말지어다 나는 것이 괴로우니.
莫生兮其死也苦

莫死兮其生也苦(『삼국유사』, 「사복불언」)

　　그러자 사복이 핀잔을 주었다. 무슨 말이 그렇게 번거로운가. 몇
자 되지 않는 글이 번거롭다 하니, 원효가 할 수 없이 다시 지었다.

　　나고 죽는 것이 괴롭다.
死生苦兮(『삼국유사』, 「사복불언」)

　　그러나 정작 사복 자신이 죽자, 그는 죽기 전에 꾀나 긴 시(?)를
지었다.

　　지난날 석가모니 부처께서는, 사라 나무 사이에서 열반하셨네.
　　이제 또한 그와 같은 이가 있어, 연꽃세계에 들어가려 하네.
往昔釋迦牟尼佛 娑羅樹間入涅槃
于今亦有如彼者 欲入蓮華藏世界(『삼국유사』, 「사복불언」)

　　신라에는 인왕경대회仁王經大會가 있었다. 100명의 고승이 참석
해 신라와 왕실이 잘 되기를 비는 제도이다. 그러나 원효는 공부만
했지 격식에는 관심조차 없는 사람이다. 이 때문에 품위와 권위를
앞세우는 사람들과는 잘 어울리지 못한 것 같다. 인왕경대회에 뽑
히지도 못했고, 시기하는 사람들이 그의 저술을 훔쳐가기도 했기

때문이다.

그 뒤 당시 성인으로 추앙받던 대안법사大安法師의 추천을 받아 『금강삼매경론』을 지어 분황사에서 임금을 비롯한 구름 관중 앞에서 강연을 한 후, 원효는 한마디 한다.

지난날 백 개 서까래를 모을 때는 (나는) 비록 참여하지 못했지만, 오늘 아침 하나의 대들보를 가로 놓는 것은 오직 나 혼자만이 할 수 있었습니다그려.

昔日採百椽時雖不預會

今朝橫一棟處唯我獨能(『송고승전』, 「황룡사원효전」)

원효는 『보살계본지범요기』를 지어 자찬훼타自讚毁他, 곧 나를 기리고 남을 헐뜯는 것을 극히 금했다. 그런데 슬쩍 남을 비꼬는 말을 했다. 그동안 서운함이 많아서였을까, 깨우쳐 주기 위해서였을까. 이 말을 한 뒤 부끄러워서 『보살계본지범요기』를 지었을까. 알 수 없는 일이다.

어쨌든 원효의 공부는 막힘이 없다. 그의 힘은 실력에서 나온다. 고려 김부식金富軾이 그의 실력을 알아보고 한 수 올렸다.

恢恢一道落落音機 聞自①同異大小淺深

如三舟月如萬竅風 至人大鑿卽異而同

瑜伽名相方廣圓融 自我觀之無侄不通

百川共海萬像一天 廣矣大矣莫得名焉(『동문선』, 제50권)

① 원문에 同자 없음. 8자 시로 추정되며 아래 구절 即異而同을 고려할 때 同이 빠진 것으로 추정됨. 원효의 글에는 일이一異, 동이同異, 동정動靜, 염정染淨, 진속眞俗. 공유空有 같은 대구對句가 많음.

넓기도 넓구나 하나의 길이여, 넉넉하기도 넉넉하구나 그 말소리여.

같고 다름, 크고 작음, 얕고 깊음을 스스로 들었구나.

3강의 달같고, 만 방향의 바람같구나.

지극한 사람의 뜻을 크게 살펴보니,

다른 것이 곧 같다는 것이라.

유가의 이름과 모습[분석적], 대승경전의 둥글게 합침[종합적]

스스로 그것을 보아 통하지 않는 것이 없구나.

백 가지 물줄기가 바다를 함께하고,

만 가지 물건들이 하늘을 함께하는 것같구나.

넓기도 해라 크기도 해라, 이름을 붙일 수가 없구나.

원효가 열반하자 아들 설총이 원효의 유해遺骸를 소상塑像으로 만들어 분황사芬皇寺에 모셨다. 설총이 재를 올리자 유해가 돌아다 보았다.

희대의 철학가요 평범한 생활인이자, 임금의 사위요 길거리 거지인 원효성사의 한바탕 춤이 다 끝난 것이다. 일연一然스님이 한 수 올렸다.

> 뿔 탄 수레(원효)가 삼매경의 두루마리를 처음으로 여니,
> 춤추는 호롱박이 마침내 수 만 거리의 바람에 걸렸구나.
> 밝은 달 요석공주와의 봄꿈은 가고,
> 문 닫은 분황사엔 돌아보는 소상도 비었다.
>
> 角乘初開三昧軸 舞壺終掛萬街風
>
> 月明瑤石春眠去 門掩芬皇顧影空(『삼국유사』,「원효불기」)

원효의 어릴 때 이름은 서당이고, 불교식 이름은 원효이나, 우리 말 이름은 새부이다. 중국에서는 구룡이라 불렀으며 시호는 화쟁 국사이다.

서당誓幢이나 서동誓童은 이름이라기보다는 뛰어난 어린이에게 붙이는 일반적 명칭이 아닌가 생각된다.

원효元曉는 불교식 이름인데 처음으로 밝아온다는 뜻이다. 곧 새 벽이다. 새벽을 이두吏讀식으로 쓴 것이 새부塞部가 아닌가 한다.

구룡丘龍이란 청구靑丘, 곧 우리나라의 용이란 뜻이다. 용은 우 리나라뿐만 아니라 중국 사람들도 상스럽게 여기는데, 그들이 원 효에게 용자를 붙인 것이다. 또 중국에서는 원효의 학설을 원효종 元曉宗, 해동종海東宗, 분황종芬皇宗이라 하며 별도의 지위를 인정

해 주었다. 자존심 강한 중국인으로서는 드문 일이다.

화쟁和諍이란 화합한다, 어우른다는 뜻이다. 모든 논쟁을 어우른다는 말이다. 원효는 『대승기신론 별기』에서 말한다.

'백 가지 논쟁을 아우르지 못할 것이 없다.(百家之諍無所不和)'

의천국사가 『화쟁론和諍論』을 지어 원효를 기렸다.

사람 마음은 남쪽과 북쪽이 다르나

부처 법은 예나 지금이나 똑같다.

참된 것을 깨뜨리지 않고서도 속된 것을 밝히며

빛깔(물질)에 의해서도 다시 빈 것을 풀이한다.

그윽함을 살펴서 오직 모습을 없애며

뜻을 잃지 않고도 어린 아이를 깨우친다.

집착함이 있는 것, 이것은 다툼거리가 되나

생각(뜻)을 버리면 스스로 통하는 것이다.

人心南北異 佛法古今同

不壞眞明俗 還因色辨共

探幽唯罔象 失旨倂童蒙

有著斯爲諍 妄情自可通

원효의 수행은 어느 정도일까? 먼저 그의 존칭을 보자. 대사, 법

사, 성사, 대성, 보살, 교주, 구룡 등등이 있다. 대사大師나 법사法師
는 흔히 쓰는 말이다. 큰 스님, 법을 깨친 스님이란 뜻이다.

그런데 원효에게는 성聖자가 따라다닌다. 성사聖師나 대성大聖
이 그것이다. 성인 같은 스님, 큰 성인이란 말이다. 이 말은 누구에
게나 붙이는 것이 아니다.

그리고 보살, 교주라고도 한다. 보살菩薩이란 부처 바로 다음 계
급(?)이고, 교주敎主란 원효종의 교주, 해동종의 교주란 말이다.

또 구룡丘龍이라고도 한다. 해동의 용이란 뜻인데 주로 중국에
서 썼다. 중국에서 활동한 신라 견등見登스님의 글을 본다.

신라 원효법사는 나르는 용의 술법으로

우리나라에 비를 뿌렸기 때문에 구룡이라 이름하며,

대주 법장화상은 코끼리를 타는 덕으로

당나라에 깃발을 나부꼈기 때문에 향상이라 이름한다.

新羅 元曉法師 飛龍之化 濬于青丘 故字丘龍

大周 法藏和上 駕象之德 振于唐幡 故字香象

대각국사 의천은 원효성사를 마명보살이나 용수보살의 수준으
로 본다.

논을 짓고 경을 풀이하여 큰 법을 드러냈으니

마명보살 용수보살의 공적, 그들의 무리로구나.

오늘날 학문이 게을러 (원효를) 도무지 알아보지 못하는 것이,

마치 (공자가 누구인지 모르는 옆집 사람이)

우리 집 동쪽에는 공구라는 사람이 살지요라고 하는 것 같구나.

著論宗經闡大猷 馬龍功業是其徒

如今惰學都無識 還似東家有孔丘(『대각국사문집』)

임춘林椿은 동행기東行記에서 원효를 유마거사에 비유한다.

일찍이 거사를 늙은 유마라고 들었는데

길을 가면 능히 허공에 만 리를 간다.

이미 글 구절과 와서 묻는 것도 버려서

응함 없고 일함 없이 사는 곳을 훌쩍 나온다.

이를테면 (이 분이) 원효이다.

曾聞居士老維摩 飛錫凌空萬里過

已遣文珠來聞疾 不應無事出毗耶 謂元曉也(『서하집』 권5)

4. 저술

원효는 경흥憬興, 태현太賢과 함께 신라 3대 저술가로 꼽히는데,

그는 대략 100가지에 200여 권의 책을 쓴 것으로 알려지고 있다. 이 중 일부분이라도 남아 있는 것은 21가지 26권 정도이다. 나머지는 책 이름만 전한다.

남아 있는 글만 보면 원효의 글은 크게 3가지로 나눠진다.

하나는 경론經論을 풀이한 것이다. 이는 대개 소疏라는 이름이 붙어 있다. 일반적으로 말하면 경經은 부처님의 말씀이고, 논論은 경을 풀이한 것으로 보살이 지으며, 소疏는 경이나 논을 더 자세히 풀이한 것으로 그 다음 사람이 짓는다.

원효는 경론이 짧은 경우, 소를 지어 낱말 하나하나를 풀이했다. 이에 해당되는 것은 8가지다.

둘은 요점을 정리한 것으로 종요宗要라는 이름을 붙였다. 종宗이란 전체 줄거리를 함축했다는 말이며, 요要는 요점 되는 내용을 자세한 풀이했다는 말이다. 대의大義가 종宗에 해당되고, 글 풀이(釋)가 요要에 해당된다. 전체적인 것과 부분적인 것이라 할 수 있으나, 구분하지 않고 그냥 요점이라 한다. 이에 해당되는 것은 5가지이다.

셋은 자기 자신의 글이다. 경론을 인용하여 자기의 견해를 편 것이다. 이에 해당되는 것은 8가지이다.

원효는 상대적으로 쉬운(?) 수행단계를 정리한 후에 이론을 정리한 것 같다. 참고로 드러난 것만 가지고 글을 쓴 순서를 정리하면 다음과 같다.

글 쓴 순서

능가경소와 능가경종요와 이장의 〉 열반경종요

능가경료간 〉 무량수경종요

일도장 〉 본업경소와 중변분별론소와 이장의

일도장(?) 〉 기신론별기 〉 이장의 〉 기신론소 〉 금강삼매경론

원효의 남아 있는 저술(21)

소(8) - 금강삼매경론, 대승기신론소별기, 범망경보살계본사기, 아미타경소, 보살영락본업경소, 중변분별론소, 해심밀경소서, 화엄경소

종요(5) - 대혜도경종요, 무량수경종요, 미륵상생경종요, 법화경종요, 열반경종요

자기 글(8) - 대승육정참회, 미타증성게, 발심수행장, 십문화쟁론, 보살계본지범요기, 유심안락도, 이장의, 판비량론

지금 원효대사의 글이 일부나마 남아 있는 것은 우리의 노력 덕분이 아니다. 이렇게나마 볼 수 있는 것은 일본 사람들 덕택이다. 일본 사람들은 1924년-1929년 사이에 3,053가지(종류) 11,970권, 85책짜리 인쇄본 『대정신수대장경大正新修大藏經』을 만들었다. 목판본인 우리의 고려대장경(팔만대장경) 1,511가지 6,802권, 48책의

약 2배 분량이다. 여기에 원효대사의 글이 실려 있는 것이다.

일본 사람들이 원효대사의 글을 베낀 연대를 보면 대부분 우리나라 고려시대에 해당된다. 이는 곧 고려시대나 이조 초기에는 원효대사의 글이 남아 있었다는 뜻이 된다. 그런데 그 이후로 다 없어져 지금에 와서는 일본사람이 만든 대장경을 보아야 하는 것이다. 우리의 역사의식에 대해 여러 가지로 시사하는 바가 크다고 하겠다.

지은이 | **강승환**

1950년 경북 상주에서 태어났다. 서울대학교 지리학과를 졸업하고 건설회사에서 근무하다 부동산 중개업을 하였다. 이때의 경험을 바탕으로 소설『땅따먹기』를 펴내기도 하였다.
이후 사회생활을 접고 원효의 저서와 대승기신론 관련 경전 번역에 매진하는 등 우리 문화 연구에 전념하고 있다.
인터넷 블로그「http://blog.naver.com/kp8046, 대승기신론 우리말 번역」에서 연구 성과들을 확인할 수 있다.
저서로『우리도 잊어버린 우리 문화 이야기』가 있다.

이야기 원효사상

초판 1쇄 발행 2009년 10월 22일 | 초판 2쇄 발행 2014년 5월 8일
지은이 강승환 | 펴낸이 김시열
펴낸곳 도서출판 운주사

(136-034) 서울시 성북구 동소문로 67-1 성심빌딩 3층
전화 (02) 926-8361 | 팩스 0505-115-8361
ISBN 978-89-5746-233-1 03220   값 12,000원
http://cafe.daum.net/unjubooks 〈다음카페: 도서출판 운주사〉